KAHRS · DICHTER REISEN

AJB Verlag

AXEL KAHRS
DICHTER REISEN

Literarische Streifzüge

durch Altmark, Prignitz und südwestliches Mecklenburg

AJB Verlag

Lange Straße 50 · 3130 Lüchow · Telefon (0 58 41) 57 56

Gesamtherstellung: Köhring & Co., Lüchow

Titelbild: Silke Lehmann

ISBN 3-928117-03-3

INHALT

Vorwort

„Der Zweck meines Buches ist, ... die ‚Lokalität' wie die Prinzessin im Märchen zu erlösen" – Theodor Fontane, der so über seine „Wanderungen durch die Mark Brandenburg" schrieb, glaubte an den Zauber der Örtlichkeit. Er war überzeugt, daß es jenseits von Schlachten- und Staatsgeschichte und diesseits von Klatsch und Tratsch etwas „Schönmenschliches" in den Landschaften und Orten zu entdecken gibt.

Wer heute, vier Generationen nach Fontane, über Dichter und Literatur in der Altmark, der Prignitz und der „griesen Gegend" schreibt, sieht sich unausweichlich auch den wenig märchenhaften Zügen der deutschen Geschichte seit hundert Jahren gegenübergestellt. Vor Ort zeigt sich, wieviel Verschüttungen und Verstellungen unser Katastrophenjahrhundert mit Zensur, Unterdrückung, Krieg und Teilung angerichtet hat. Der „eiserne Vorhang" ging oft auch in den Köpfen der Menschen herunter.

So ermöglichte erst die Öffnung der Grenzen am 9. November 1989 dieses Buch, das eine Art Doppelfunktion erfüllen möchte:

– Es will diejenigen, für die das Gebiet der DDR eine „terra incognita" ist, informieren und sie einladen, vor Ort weiterzuwandern, zu forschen, fragen, schauen und lesen. Denn die „Dichter Reisen" können nicht mehr sein als ein „Sesam-öffne-Dich" zu den künstlerischen Schätzen, die die Regionalforschung in den vergangenen Jahren geborgen hat: Ohne die literaturgeschichtlichen Studien, wie sie beispielhaft Jürgen Borchert und Hartmut Brun in Mecklenburg und Hanns H.F.Schmidt in der Altmark vorgelegt haben, ist dieses Buch nicht denkbar.

– In den letzten vierzig Jahren hat die Kulturpolitik in der DDR verhindert, daß bestimmte Autoren und Themen einem größeren Publikum zugänglich wurden. Wer etwas über die russische Besatzungszeit nach 1945 oder über die Grenzanlagen zur Bundesrepublik lesen wollte, fand – fast – nichts. Und so mancher Autor, der vorbelastet war oder unerwünscht oder in Ungnade gefallen, wurde totgeschwiegen, erhielt keine Druckerlaubnis, verschwand aus den Regalen der Buchhändler oder ging in die Bundesrepublik. Hier sollen die „Dichter Reisen" auch für Leser in der Altmark und Mecklenburg die weißen Flecken auf ihrer literaturgeographischen Landkarte tilgen, für die zum Beispiel die Namen Gottfried Benn, Bernhard Minetti, Tamara Ramsay, Ernst Jünger, Friedrich Meinecke, Willi Fehse, Jutta Bartus, Peter Huchel, Guntram Vesper und Irina Korschunow stehen.

Christa Wolf sagte in ihrer Dankesrede für die Verleihung der Ehrendoktorwürde durch die Universität Hildesheim im Februar 1990: „Die Literatur wird leisten müssen, was sie immer und überall leisten muß, wird die blinden Flecken in unserer Vergangenheit erkunden müssen und die Menschen in den neuen Verhältnissen begleiten. Jeder Versuch einer Selbstverleugnung würde die Kreativität an der Wurzel zerstören. Meine Bitte an Sie geht dahin, uns ihre aufmerksame, kritische Sympathie zuzuwenden – darauf sollten wir uns wohl gegenseitig verständigen können, um alte Fremdheiten allmählich aufzulösen und keine neuen entstehen zu lassen" – das Buch „Dichter Reisen" soll ein Beitrag in diesem Sinne sein.

Die nachfolgenden Studien und Reportagen konnten nur entstehen durch die Abdruckgenehmigungen zahlreicher Autoren und Verlage sowie durch die Mithilfe vieler, die auf verschiedene Art und Weise zum Gelingen beitrugen. Mein besonderer Dank gilt Caro von Alemann (Prezier), Jutta Bartus (Bremen), Jürgen Borchert (Schwerin), Sigrid und Werner Brückner (Kirch-Polkritz), Hartmut Brun (Polz b. Dömitz), Georg Oswald Cott (Braunschweig), Tom Crepon (z.Zt. Bad Segeberg), Stefan Dahlmann (Volzendorf), Klaus Feldhusen (Bad Bevensen), Bernd Görk (Neuhaus/Elbe), Hermann Harrras (Dömitz), Familien Henneick und Schott (Kassieck), Axel Jahn (Lüchow), Heinz Kattner (Leestahl), Prof. A. Kelletat (Breese im Bruch), Manfred Kühle (Lanze), Klaus Lehmann (Hitzacker), Silke Lehmann (Wustrow), Pastor Lenz (Freyburg a.d. Unstrut), Christine Meyer (Arendsee), Constanze und Andreas Neuling (Salzwedel), Dr. Matthias Pfüller (Jeetzel), Prof. Wolfgang Promies (Darmstadt), Jürgen Scharnweber (Dömitz), Christian Schramm (Salzwedel), Reinhard und Inge Schulte (Lüchow), Heidi Urban (Salzwedel), Guntram Vesper (Göttingen), Helga Weyhe (Salzwedel), Knuth Wolfgramm (Boizenburg), Karin Wulf (Boizenburg) und – nicht zuletzt – Christiane Beyer.

Lüchow, im Juni 1990

Axel Kahrs

Die alte Grenzbrücke bei Lübbow.

> **Die deutsche Geschichte dieses Jahrhunderts steckt uns eben noch in den Knochen.**
>
> **Christa Wolf, Zwischenbilanz**

Die Grenzen in der Literatur

Die Darstellung der Teilung Deutschlands bei den Schriftstellern in Ost und West am Beispiel der Region Altmark – Wendland – Mecklenburg

Die Schüler der Bernhard-Varenius-Schule in Hitzacker hatten sich im Frühjahr 1990 mit ihrem Lehrer Klaus Lehmann vorgenommen, das Leben der Menschen am nun zugänglichen Ostufer der Elbe zu erkunden. Mit der Fähre kamen sie ins Dorf Bitter. Die 16jährige Stefanie berichtet: „Ich selber konnte mir nie vorstellen, wie es ist, eingesperrt zu sein. Der Besuch in der DDR hat mir dabei sehr geholfen. Auf dem Wege zu dem Ehepaar war alles ganz normal, es wurde gelacht, und man machte seine Späße. Denn man wußte, wenn man wieder zurückkommt, steht die Fähre bereit. Aber nach dem Gespräch fühlte ich mich dann ganz anders. (...) Als dann die Fähre Verspätung hatte, fühlte ich mich etwas unsicher, obwohl es nur zehn Minuten waren. Also, wie sollte man sich ausrechnen, Jahre ‚warten' zu müssen? Und warten auf was?" (Schüler, S.11) – ein kurzer Lehrgang zur Relativität der Zeit.

Die Menschen im Dreiländereck Hannover – Brandenburg – Mecklenburg bewegt und behindert diese Grenze seit Jahrhunderten. Das Wendland, jenes geographische Dreieck, das mit der Spitze nach Osten zeigt, reizte schon immer zu Vergleichen. Der Heimatkundler Karl Hennings vermerkt so 1862: „Wie eine schmale Landzunge streckt es sich in das Gebiet der Nachbarn hinein, es wird von Preußen und Mecklenburg grenzumschlungen, und erscheint an dem großen Staatskörper wie das äußerste Glied" (Hennings, S. 83). Marlies Menge, Journalistin mit Wohnsitz an der Elbe, spricht von der „Spitze Niedersachsens, die sich wie ein Schnabel in die DDR pikt" (Menge, Kohlen).

Die Menschen haben diese Grenze überwunden, wie der „alte Dessauer", der von Preußen aus ins Hannöversche ging, um „lange Kerls" für die Armee zu pressen (Karl May schrieb darüber Humoresken), oder sie haben sie bestätigt, wie die Anekdote einer Grenzbrücke bei Salzwedel zeigt, von der der Historiker Friedrich Meinecke berichtet: **„Ganz unmerkbar war aber jene Grenze nicht. Ein Bach mit Brücke darüber markierte sie. Diese Brücke war halb schwarz-weiß, halb gelb-weiß gestrichen. Im Sommer 1866 geschah es, so wurde wenigstens in Salzwedel erzählt, daß die Hannoveraner aus Lüchow die ganze Brücke in einer Nacht gelb-weiß gestrichen hätten. Aber dann kamen die Salzwedeler und strichen sie ganz schwarz-weiß"** (Meinecke, Erlebtes, S. 34). Es ist eine Geschichte, die Bismarcks Relativierung widerlegen sollte, der in seinen „Gedanken und Erinnerungen" schrieb: **„Ich habe stets den Eindruck des Unnatürlichen von der Tatsache gehabt, daß die Grenze ... den niedersächsischen Altmärker bei Salzwedel von dem kurbraunschweigischen Niedersachsen bei Lüchow, bei Moor und Heide dem Auge unerkennbar, trennt"** (Bismarck, S. 283).

Umso härter wirkte sich dann die Teilung Deutschlands nach 1945 gerade in diesem Grenzabschnitt aus. Menschliche Bindungen, gewachsene Strukturen, Handelsbeziehungen, kulturelle Traditionen – alles wurde vom sogenannten „eisernen Vorhang" auf Jahre hin unterbrochen. Die Menschen auf beiden Seiten der Grenze fanden sich in amputierten Landstrichen wieder, im jeweiligen Staat an den Rand gedrückt, im Schatten der politischen Entscheidungen.

Für die Schriftsteller in Ost und West war diese Entwicklung an der Grenze ein Reizthema: deutsche Geschichte und Weltanschauungsfragen, menschliche Tragödien und Zukunftsentwürfe – alles ließ sich an dieser brisanten Zusammenballung von Problemen aufzeigen und darstellen – wenn man die Schriftsteller ließ. Zumindest im Bereich der DDR gilt das jedoch für die ersten Jahrzehnte nicht. Die Vorgänge um die Eroberung Deutschlands durch die Rote Armee im Frühjahr 1945 waren ein Tabu-Thema; weder der Freitod von Gottfried Benns Frau Herta (vgl. Kapitel Neuhaus) noch die politischen Umgestaltungen durften literarisch dargestellt werden. Erst Christa Wolfs Roman „Kindheitsmuster" wagte eine vorsichtige Revision allzu starrer Klischees.

Dazu die Autorin:

„Es wird noch angedeutet, was da passiert, übrigens viel Turbulentes, was mich auch von daher zu schreiben reizte, weil die Nachkriegsjahre, so wie wir sie jetzt oft beschrieben finden, meinem Erleben nicht entsprechen. Ich habe das ganz anders erlebt, und auch das hat mich gereizt, einen Versuch zu machen, darüber zu schreiben" (Wolf, Erfahrungsmuster, S. 813).

Aber noch der 1977 erschienene Roman „Tod am Meer" von Werner Heiduczek wird in der zweiten Auflage zeitweilig verboten, weil er – in der Altmark spielend – eine Vergewaltigung durch Soldaten der Roten Armee beschreibt. Jablonski, die Hauptfigur, hatte sich mit seiner Gefährtin Ellen von Stendal bis nach Klöden bei Arendsee vor den heranrückenden Russen gerettet, als die Grausamkeit des Krieges sie einholt:

„Ellen hatte den Gang, den Frauen nach so etwas haben: ein wenig plattfüßig, die Knie nach auswärts gebogen, den Körper aufgerichtet, ein Hohlkreuz. Sie gehen durch die Welt, die alle Farben verloren hat, eckig, wie schlecht geführte Marionetten" (Heiduczek, Tod, S. 77).

Der Autor läßt bei Jablonski keinen Zweifel: „Mit dem, was in jener Nacht und am folgenden Morgen auf diesem Bauernhof geschah, bin ich all die Jahre über nicht fertig geworden" (ebd., S. 75).

Auch die DDR-Literatur hat dieses Thema nicht bewältigen können, aber noch weniger als die historischen Erfahrungen der Zeit unmittelbar nach 1945 durfte die Lage an der Grenze zur Bundesrepublik literarisch adäquat erfaßt werden. Ein Text von Rudi Hartwig, Mitglied im Salzwedeler „Zirkel schreibender Arbeiter" aus dem Jahre 1964 mag genügen, um zu zeigen, zu welchen ideologischen Verrenkungen die Literatur damals fähig war. In der Erzählung „Ein Rosenzweig" kommt es an der Ritzer Brücke vor dem Salzwedeler Mahnmal für getötete KZ-Häftlinge zu folgendem Dialog zwischen Mutter und Kind:

„Mutti, da ist ja ein Grab, wo 244 Menschen beerdigt sind! Mutti, wer hat die Menschen denn umgebracht?" „Das waren die Nazis, Kind", sagte die Mutter. „Was sind das doch für – für – für." Die Kleine fand keine Worte. Dann blitzte ein neuer Gedanke durch ihr Hirn. „Mutti, sind das auch Nazis, die in Berlin an der

großen Mauer unsere Soldaten totschießen?" „Ja, mein Kind, so ähnlich sind die auch" (Hartwig, Rosenzweig, S. 51).

Dagegen verstand es zum Beispiel Jürgen Borchert, Feuilletonist aus Mecklenburg, meisterhaft, in seinen Texten zwischen den Zeilen Hinweise auf die Vorläufigkeit von Grenzen unterzubringen. Bei Dömitz läßt er in seinem Reuter-Roman einen alten Fischer um 1875 Betrachtungen über die neugebaute Eisenbahnverbindung anstellen:

„'Hunnert Johr' sall de Brügg uthollen!' Er schüttelte den grauen Kopf und sog an seiner Pfeife. ‚Glöben Se dat?' Flemming breitete zweifelnd die Arme und antwortete, zur höchsten Verwunderung des Alten, auf Plattdeutsch: ‚Minschen hebben de Brügg bugt; wenn Minschen se nich wedder daal smieten, künn se woll hunnert Johr' stahn bliewen!'" (Borchert, Reuter, S.133).

Und in der kleinen Betrachtung über den holländischen Admiral Gysels van Lier, der nach dem 30jährigen Krieg bei Lenzen die Elbdeiche aufschütten ließ, heißt es hintergründig: **„Heute, dreihundert Jahre nach Gysels Tod, schauen wir Ornithologen vom Lenzener Burgturm herab auf sein Werk und werden ein wenig neidisch. Ob die Wälle, die wir aufgeschüttet haben, nach so vielen Jahren noch sichtbar sind?"** (Borchert, Elefant, S.33).

So mußte die Grenze in der DDR-Literatur ein blinder Fleck bleiben; durfte allenfalls eine Marginalie werden, ein versteckter Hinweis: Flaschenpost für Eingeweihte. Auch Hermann Kants Episode des West-Flüchtlings Quasi Riek in der „Aula", Christa Wolfs Fahrt mit der S-Bahn nach West-Berlin vor dem Mauerbau im „Geteilten Himmel" oder Volker Brauns Republik-Flucht-Episode in der „Unvollendeten Geschichte" blieben tastende Schritte, oft bedroht von Publikationsverbot und Repressionen.

Doch wie intensiv unter den Schriftstellern über die Grenze nachgedacht und diskutiert wurde, zeigen die Texte derjenigen Autoren, die, freiwillig oder gezwungen, die DDR verließen und im Westen publizierten. Schonungslose Kritik, bitterer Spott oder fassungsloses Entsetzen über ein „Grenzsicherungssystem", das zum Teil in seinem ganzen Ausmaß erst vom Westen her auszumachen war, kennzeichnen die literarischen Versuche einer Bewältigung dieser neuen Erkenntnisse.

Bernd Jentzsch's Lyrik zielt darauf ab, etwas vom Perfektionismus im Todestreifen in Sprache umzusetzen:

Ein Wiesenstück

Der Schuß stehend freihändig,
Das Bündel zusammengesackt.
Vor dem Bündel der Hundelaufgraben.
Vor dem Hundelaufgraben die spanischen Reiter,
Vor den spanischen Reitern das Minenfeld,
Vor dem Minenfeld der Gitterzaun,
Hinter dem Gitterzaun das Minenfeld,
Hinter dem Minenfeld die spanischen Reiter,
Hinter den spanischen Reitern der Hundelaufgraben,
hinter dem Hundelaufgraben das Bündel.

(Schacht, S. 33)

Wolf Biermann, auf der Winter-Reise nach Hamburg, frotzelt bitterböse, ganz im Stile seines Vorbilds Heinrich Heine, über den Grenzbahnhof Schwanheide:

Die Grenze selbst war kaum zu sehen
Die Stacheldrahtbarrieren
Zwei Rotarmisten standen müd
Mit Schnellfeuergewehren

In ihren Fingern hielten sie
Die scharfen Papyrossi
Der eine warf die Kippe weg
Der andere genoß sie

Im Weiterfahren dachte ich:
Ihr armen armen Schweine
Wozu steht ihr am Arsch der Welt
Euch in den Bauch die Beine.

(Biermann, Wintermärchen, S. 21)

Die Grenze bei Lübbow war für Wustrower Familien ein selbstverständliches Ausflugsziel, wenn Besuch kam; ob im Jahre 1960 vor überschwemmten Wiesen und provisorischen Schlagbäumen . . .

oder im Jahre 1989 vor einer zunehmend undurchlässig gewordenen Grenze, deren perfekte Sicherungsanlagen allerdings den Verfall der alten Brücke nicht aufhielten. Wer heute diese Stelle passiert, sieht nichts mehr davon.

Die schonungslose Darstellung der Grenzsituation findet sich auch bei den Schriftstellern und Künstlern wieder, die in den siebziger Jahren das Wendland als Refugium für sich entdeckt hatten: der Wertewandel in der westdeutschen Konsumgesellschaft, die Kritik am Großstadtleben und das Aufkommen „grüner" Themen führten dazu, daß immer mehr „Kopfarbeiter" aus Hamburg und Berlin im Landkreis Lüchow-Dannenberg ansiedelten. Im Elbe-Raum, aber auch im Stipendiatenhaus des Dörfchens Schreyahn fanden sie sich zusammen, geeint im Widerstand gegen das atomare „Entsorgungszentrum" Gorleben, einig in der Meinung, hier ein Fleckchen unberührter Natur gefunden zu haben. Der unauflösbare Widerspruch, daß erst im Schatten der undurchlässigen Grenze zur DDR jene Ruhe und Geborgenheit zu finden ist, die im übrigen Bundesgebiet weitgehend verloren ging, wird auch von den Schriftstellern gesehen; ihre Reaktionen sind vielfältig. Ulrich Schacht, DDR-Exilant, knüpft bei seinem Besuch des Städtchens Schnackenburg an die Traditionen Bernd Jentzsch's an:

Die Elbe bei Schnackenburg

Kälter als der
Wind: die Sonne. Im schwarzen Baum
vergessene Birnen. Ich geh
unterm Regen, den Weg
zum Fluß. Auf dem Deich
die Katze: von links
nach rechts. Sie springt
durchs Salzgras, hinunter
zu Kühen und Schafen.
Ich sehe
den Strom, die Schiffe. Mit vielfachen Augen
sein anderes Ufer: den blutigen
Strand, der grau ist
und schmal. Im Dunst
Gestalten. Ich weiß,
sie haben Gesichter:

**Augen und Nase.
Ohren und Mund.
Sie sagen sonntags
schöne Wörter oder:
Halt! Kälter als der Wind:
die Sonne. So hoch
und leichenblaß.
Ich geh,
unterm Regen, den Weg
zurück. Im schwarzen Baum
vergessene Birnen.**

für Siegmar Faust

(Schacht, Traumgefahr, S. 39)

Andere DDR-Künstler, wie der Filmregisseur Hannes Schönemann aus Wessentin in Mecklenburg, suchen im Wendland ein Stück ihrer alten Heimat in der DDR:

"Er führt sein altes Leben – nur seitenverkehrt. Hamburg, wo er die Woche über ist, sei für ihn, so erzählt er, immer noch ein bißchen Ausland. Hier aber, in dem Lüchow-Dannenberger Grenzzipfel, erinnere ihn vieles an zu Hause: Die Straßen seien ähnlich schlecht wie drüben, auch die Menschen bewegten sich langsamer und ihre Kleidung sei alles andere als modisch" (Gebhardt, S. 6).

Eine andere Einstellung zur Grenze, die sich aufgrund des biographischen Hintergrundes bei den DDR-Exilanten wie von selbst verbietet, ist die des Gewöhnens, Vergessens, ja Verdrängens. So, wie viele Menschen im Schatten der atomaren Anlagen von Gorleben, Greifswald oder Stendal nicht ständig an die drohenden Schrecknisse denken und sich mit der Alltäglich des Grauens arrangieren, so gibt es besonders für die, die direkt am „Zaun" leben, ein stillschweigendes Arrangement, zumal die Grenzanlagen vom Westen her ihre Gefährlichkeit nicht sofort offenbaren. Vor der Schönheit des Elburstromtals verblassen die Sperranlagen, wie es beispielhaft in Ute Scheubs Roman „Alte Bekannte" formuliert ist:

„Der Wald öffnete sich zu einer Lichtung: Da lagen die alten Deichwartshäuser in behäbigem Fachwerk, dahinter, in einem Teich unter hängenden Weiden, beklagten sich ärgerlich einige Enten über die Ruhestörung, ein Storchenpaar flog auf und kreiste. Sonst war es ganz still.

Sie stiegen den Elbdeich hinauf, sahen hinüber. Wenige Meter vor der Grenze zur DDR – die Wachtürme auf der anderen Seite des Grenzflusses schauten allzu harmlos aus, wie Spielzeug – schien die Welt paradiesisch belassen. Der Fluß zog glitzernd und träge dahin, umspülte die Wurzeln vorwitziger Bäume an seinen Ufern“ (Scheub, S. 21).

Auch in Hans Christoph Buchs „Bericht aus dem Inneren der Unruhe“ findet sich diese seltsame Ästhetik des Schreckens im Rahmen einer Liebesromanze:

„Wir gingen den Deich entlang, vorbei an schwarzweiß gefleckten Kühen, über die Elbwiesen zum Flußufer, das von Hochwasser überschwemmt war: es roch nach Öl und frischem Dung, auf der Elbe fuhr ein Lastkahn vorüber, die Grenzbefestigungen der DDR blitzten im Sonnenlicht, so nah, daß man sie mit Händen glaubte greifen zu können. (...) Ein kalter Wind kam auf, die Sonne war hinter Wolken getreten. Rebecca fror unter ihrem dünnen Baumwollpullover. Ich zog meine Jacke aus und legte sie ihr über die Schultern, dann standen wir auf und gingen weiter am Elbufer spazieren. 'Hier sieht uns keiner außer den DDR-Grenzern, aber die dürfen uns ruhig sehen.' Ich schob meinen Arm unter ihren Pullover, zog sie an mich und küßte sie“ (Buch, S. 37-38).

Horst Vettens Reportage dagegen, die das Wendland „die vielleicht seltsamste Ecke Deutschlands“ nennt, distanziert sich vorsichtig von der Faszination einer Grenzbeleuchtung, die aus Überwachungsgründen die Nach zum Tag macht:

„Wir fahren im Morgennebel die Elbe abwärts. Drüben machen sie gerade die Lichter aus, die einen Neuankömmling in Gorleben oder Schnackenburg abends kurzfristig zu Vergleichen mit der Promenade von Nizza anregen, weil sie so idiotisch schön aussehen“ (Vetten, S. 58).

Doch gibt es auch gegenteilige Wertungen; eine Gleichgültigkeit, die vielleicht auch generationsbedingt ist: Rolf Nobel, Jahrgang 1950, schreibt nach einer sechswöchigen Fahrt entlang der Grenze, ihm käme

„die Grenze zur DDR nicht als Schmerzgrenze vor. Sie war mir mehr oder weniger egal. Ich brauchte sie nicht einmal, um wie viele andere daran meinen Antikommunismus auszutoben.

Echten Trennungsschmerz, darauf traf ich unterwegs nur bei wenigen Leuten, ausnahmslos Bewohner des Grenzlandes, die durch die Grenze von ihren wirklichen Brüdern und Schwestern in einem Grenzdorf hinterm Zaun getrennt wurden. Aber diese echte Betroffenheit wird immer seltener, stirbt doch die Generation,die drüben noch Verwandte ersten Grades hat, allmählich aus. (...) Nein, an meiner Einstellung zur Grenze hat sich durch sechswöchige Hautnähe nichts Wesentliches geändert. Aber ich habe die Bundesrepublik erlebt, wie ich sie schöner, entlegener, verschlafener und natürlicher nirgendwo gesehen habe“ (Nobel, S. 244-245) – tempi passati.

Der bei Nobel angesprochene Kampf gegen das SED-Regime, der sich auf konservativer Seite nur allzu oft in symbolischen Aktionen wie Gedenkfeiern zum 17. Juni, Fahnenaufmärschen und Fackelzügen an der Grenze erschöpfte, wurde von der Mehrheit der Schriftsteller nicht mitgetragen; vielmehr unterstützten viele von ihnen in den siebziger Jahren die Ostpolitik des Bundeskanzlers Willy Brandt, der auf „Wandel durch Annäherung“ setzte. Die Trauer über die Trennung haben sie deswegen nicht verdrängt. Walter Mossmann, Liedermacher im atomaren Widerstand, singt so angesichts der zerstörten Dömitzer Brücke:

Da, wo die Elbe raus kommt aus dem Zaun, der unter Strom steht und schießt;
Da, wo die Elbe 'n Zaun lang durch die grüne Stille fließt,
Steht dreiunddreißig Jahre, viel zu lange schon
Eine zerbrochne Brücke als Sinnbild der Region,
Wo rechts und links vom Wasser verwandte Menschen wohn'n
Für die der Fluß so breit wie 'n Weltmeer ist.

(Mossmann, Lied vom Lebensvogel, S. 160)

Die Grenze als trennender Ozean – auch im Sprachlichen wurde das Land jenseits der Elbe immer unbekannter, die Ortskenntnis verblaßte, Namen von Dörfern entfielen, die Landkarte entleerte sich:

Guntram Vesper

Gegenstände der Poesie

Ich erkannte die leeren
Fotos der Kinderzeit wieder
Landschaft aus Bäumen
Wiesen und Wasser.

In weiter Ferne sah ich jedes Haus
jeden aufsteigenden Vogel, jedes Tier auf der Weide
die Wachtürme jenseits des Flusses
und hinter Verhauen die neue Festung.
(...)

Auch der Lyriker Wolfgang Rischer spricht von fotostiller Leere:

Die Dömitzer Brücke
1
Weitgespannt über die Elbniederung
wo wir innehalten, die Karte zurückübersetzen
in die Wirklichkeit
(eine Daumenbreite, das ist
eine Landschaft)
am Deich beginnt sie, der wir folgen, die
Brücke, die jäh
abbricht ins Nichts, unter uns
vor uns der Strom

Dies also ist der Rand der Republik
im Dornröschenschlaf, den wir stören

Die Dömitzer Eisenbahnbrücke von 1873 gilt nach ihrer Zerstörung in den letzten Kämpfen des 2. Weltkrieges als Symbol der deutschen Teilung. „Bezeichnend ist die Verbindung von Ingenieurkonstruktion und Architekturwerk: Die Brustwehren über den Brückenpfeilern sind so angelegt, als würden sie von den Schwedlerträgern durchschnitten." (Kunst)

Die benachbarte Straßenbrücke aus den dreißiger Jahren, ebenfalls gesprengt, war häufig Ort künstlerischer Aktionen. Volker Schlöndorff drehte hier Szenen des Films „Die Fälschung", und während der Kunstaktion „Hart an der Grenze" (1985) gab es eine Performance auf den Brückenkopf.

: Bleigraues Band der Elbe, Lichtreflex
Weite, die schmerzen muß
drüben –
jenseits das Ufer Wiesen so leer & fotostill
wir sehn Betonpfähle & Metall, dahinter flußauf
gedrängtes Dächerrot Kirchturmgrau so nah so fern
: Die Gedanken eine Furt
(...)

(Rischer, S. 49)

Und der Schriftsteller Heinz Kattner, 1989-1990 Stipendiat im Künstlerhaus Schreyahn, schreibt über die zerstörte Dömitzer Eisenbahnbrücke, die für Hans-Joachim Kunst „ohne Zweifel das imposanteste Bauwerk dieser Landschaft" ist (Kunst, S. 222), im Oktober 1989 das Gedicht:

Brücke nach Dömitz

Land von Land geteilt
darunter verbunden, trübe
fließt und fließt die Elbe

Am Anfang steht eine Festung
aus Backstein, als hätten die
Erbauer etwas geahnt

Längst ohne Schienen tragen
Pfeiler bis zur Flußmitte die
Erinnerung. Das ist zu sehen.

Man stellt sich vor, wie bei
schönem Wetter Rufe hin und her
zu hören sind: Hol über, hol über

Weiter flußabwärts strömen
Reisende aus Bussen auf die
neue Halbbrücke aus Beton

Da werden Hinweise laut gelesen
wie Anklageschriften, im Fernglas
erscheint das Nahe unerreichbar

Es kommt ja nur das Alte
in den Blick, und das wird immer
fremder wie die Namen

Auf der anderen Seite

Angesichts dieses Gedichts bleibt anzumerken, daß Frieda Ribbats Gedicht „Zerstörte Brücken", das 1960 im Sonderheft „Dömitz" der Ludwigsluster Zeitschrift „Land und Leute" abgedruckt wurde, Anlaß für die SED war, die Auslieferung dieser Publikation zu verbieten (erst 1990 konnte Jürgen Scharnweber einige Exemplare der Öffentlichkeit übergeben). Die beanstandeten Zeilen lauten:

(...)
Denn wer über diese Brücke geht,
im Kampf für die deutsche Einheit steht.
Und einmal wird, wieder neu gespannt,
mit tausend Streben hinüberschweben
von Volk zu Volk und von Land zu Land
des Friedens goldene Brücke.

(Dömitz, S. 32)

Sylvia Frueh Keyserling, ebenfalls Schreyahner Stipendiatin wie Heinz Kattner, ruft die vergessenen Ortsnamen der DDR in ihrem Gedicht „Wendlandabzählreime" dadurch in die Erinnerung zurück, daß der letzte in der Strophe genannte Ort jeweils jenseits der Grenze liegt:

Volkfien, Mehlfien, Kacherin,
Govelin, Vasenthien, Kraatz.

Krautze, Klautze, Platenlaase
Loitze, Proitze, Brietz.

Schmardau, Schmarsau, Predöhlsau, Schmessau, Schweskau, Polz.

Das bei Kattner, Rischer und Frueh Keyserling konstatierte Schreiben gegen das Vergessen endet mit dem 9. November 1989, ihre Texte sind historisch geworden, Zeugen einer Zeit, die nun Vergangenheit ist. Was bringt die Gegenwart, was fordert die Zukunft von den deutschen Schriftstellern? Das zum Teil schmerzhafte Verstummen vieler in den Monaten nach der Grenzöffnung kann und wird nicht andauern. Das Thema der deutschen Teilung ist nur scheinbar erledigt. Wenn Ulrich Schachts Feststellung: „Die Mauer um das Warschauer Ghetto ist der Beginn der Mauer durch Deutschland“ (Schacht, S. 10) stimmt, und wenn die Schlußzeilen „Hitlers verwahrloste Gesten/ erstarrten zu Drahtverhau“ in Carl Guesmers Gedicht „Zonengrenze“ (Schacht, S. 15) zutreffen, dann bleibt den Schriftstellern jenseits aller Grenzen im Osten und Westen Deutschlands auch in der Zukunft genug aufzuarbeiten.

Literatur:

Wolf Biermann, Deutschland. Ein Wintermärchen. Verlag Klaus Wagenbach, Berlin 1972

Otto von Bismarck, Gedanken und Erinnerungen. 13. Kapitel. Stuttgart 1942

Jürgen Borchert, Herr Gysels van Lier. In: ders., Elefant auf der Briefwaage. Vierzig Feuilletons. Mitteldeutscher Verlag, Halle/Leipzig, 2. Auflage 1979, Seite 31-33

ders., Reuter in Eisenach. Roman. Hinstorff Verlag, Rostock 1986

Volker Braun, Unvollendete Geschichte,. Suhrkamp Verlag, Frankfurt 1977

Hans Christoph Buch, Bericht aus dem Inneren der Unruhe. Gorlebener Tagebuch. Frankfurt 1979

Sylvia Frueh Keyserling, Wendlandabzählreime. In: Kalenda, Februar 1989, Seite 6

Heiko Gebhardt, Der andere Blick (Reportage über Hannes Schönemann). In: Stern-TV-Magazin Nr. 52 vom 22.12.1988

Carl Guesmer, Zonengrenze. In: Schacht, s.u., S. 15

Rudi Hartwig, Ein Rosenzweig. In: Ein Rosenzweig. Salzwedeler Geschichten. Jenny Marx zum 150. Geburtstag gewidmet. Verfaßt von den Mitgliedern des Zirkels Schreibender Arbeiter, Salzwedel 1964, Seite 51

Werner Heiduczek, Tod am Meer. Roman. Mitteldeutscher Verlag, Halle und Leipzig, 5. Auflage 1989

Karl Hennings, Das hannoversche Wendland. Festschrift. Lüchow 1862

Bernd Jentzsch, Ein Wiesenstück. In: Schacht, s.u., S. 33

Axel Kahrs, Wendland literarisch. Von Herzog August bis Nikolas Born. Davids Drucke Verlag, Göttingen 1985 ders., Die Intellektuellen im Grünen. Beobachtungen zu einer Kulturgeschichte des Wendlandes nach 1945. In: Hannoversches Wendland, 12. Jahresheft 1987/88, S. 9-24

ders., Weiter weg als Indien – Leben an der Grenze in Lüchow-Dannenberg. In: Deutsches Allgemeines Sonntagsblatt vom 29.9.1989

Heinz Kattner, Brücke nach Dömitz. In: Deutsches Allgemeines Sonntagsblatt vom 29.9.1989

Hans-Joachim Kunst, Gorleben – noch eine Sehnsuchtslandschaft? Jonas Verlag, Marburg 1979

Karl May, Der alte Dessauer. Humoresken. Bamberg 1968

Friedrich Meinecke, Erlebtes 1862-1901. Leipzig 1941

Marlies Menge, Kohlen für drei Winter. Aus meinem Notzibuch. In: Die Zeit Nr. 15 vom 6. 4. 1990

Walter Mossmann, Lied vom Lebensvogel. In: Kahrs, Wendland literarisch, s.o., S. 158-161

Rolf Nobel, Mitten durch Deutschland. Reportage einer Grenzfahrt. Rasch und Röhring Verlag, Hamburg und Zürich 1986

Frieda Ribbat, Zerstörte Brücken. In: Land und Leute, Sonderheft „Dömitz". Ludwigslust o. J. (ca. 1960), S. 32

Wolfgang Rischer, Die Dömitzer Brücke. In: ders., Landvermessung. Gedichte. Davids Drucke Verlag, Göttingen o.J. (ca. 1988), Seite 49

Ulrich Schacht und Jürgen Ritter (Hg.), Nicht alle Grenzen bleiben. Gedichte zum geteilten Deutschland. Harenberg Edition, Dortmund 1989

Ulricht Schacht, Traumgefahr. Verlag Günther Neske, Pfullingen 1981

Ute Scheub, Alte Bekannte. Roman. Rowohlt Verlag, Reinbek 1985

Schüler erfahren Lebenszusammenhänge hinter dem Stacheldraht. Ein Projekt des WPK (Lehrer: Klaus Lehmann) der Bernhard-Varenius- Schule Hitzacker. Bericht (Typoskript) 1990

Guntram Vesper, Gegenstände der Poesie. In: ders., Die Inseln im Landmeer und neue Gedichte. Fischer Verlag, Frankfurt 1984, Seite 76

Christa Wolf, Zwischenbilanz. Rede in Hildesheim. In: Frankfurter Rundschau vom 8.2.1990

dies., Kindheitsmuster. Roman. Aufbau Verlag, Berlin und Weimar 1976

dies., Erfahrungsmuster. Diskussion zu „Kindheitsmuster". In: dies., Die Dimension des Autors, Band 2. Luchterhand Verlag, Frankfurt 1990, Seite 806-843

dies., Der geteilte Himmel. Erzählung. Mitteldeutscher Verlag, Halle 1963

**Und wohin, liebe Seele?
Wohin anders als nach
Mecklenburg.
E. Hartenstein, 1780**

Mecklenburg

Von der „griesen Gegend“ bis zur Prignitz

Über mangelnden Spott, auch von den Einheimischen selbst, brauchen sich die Mecklenburger nicht zu beklagen. Wenn etwa Fritz Reuter lästert: „As uns' Herrgott de Welt erschaffen ded, fung hei bi Meckelnborg an“ (Urgeschicht, S. 43), steht ihm gleich Johannes Gillhoff mit der Figur des alten Hannjürn bei. Der spricht, die heimatliche Gegend betrachtend, „so ganz langsam und ebendrächtig vor sich hin: Dies Land ist dem lieben Gott auch man mäßig geglückt“ (Gillhoff, Swehn, S. 203). Das hat, zumindest im Hinblick auf die politische Entwicklung seit den Schöpfungstagen, seine Berechtigung. Die erzkonservativen bis reaktionären Strömungen behielten über Jahrhunderte die Oberhand, und nicht umsonst kündigte Bismarck an, er werde sich bei der Revolution nach Mecklenburg zurückziehen: kannte er doch den fiktiven Paragraphen 1 der (tatsächlich bis 1918 nicht bestehenden) Verfassung dieses Landes: „Es bleibt alles beim alten.“

Doch wenn es auch in vielen Köpfen eng und verstockt blieb, so wurde umso freier die Schönheit der mecklenburgischen Landschaft, ihrer Seenplatten und Fluren gerühmt. So mancher Schriftsteller erwies dieser Gegend seinen Respekt, der sich zuweilen bis zur Bewunderung oder Verehrung steigerte.

Daß das damalige Großherzogtum „eine liebliche Ausnahme von den norddeutschen Sandflächen“ machte (Lüpke, S. 162), wußte Karl Julius Weber schon 1828, und Ernst Barlach adelte und veredelte seine mecklenburger Jahre mit der grandiosen Feststellung: „Das Landleben gibt dem Geringsten eine aristokratische Form ... Güstrow ist ein Ort, wo man leben kann trotz Italien“ (Lüpke, S. 165). Welch ein Vergleich!

Gut fünfzig Jahre später erfaßt der Schriftsteller Fritz Rudolf Fries, im Leben und Schreiben dem Luftigen zugetan, die herbe Schönheit Mecklenburgs so: „... eine Landschaft eher rauh als lieblich, mehr Acker als Blumenbeet, mehr Herausforderung als Einladung zum Nichtstun ...“ (Zschocke, S. 328).

Doch das schönste Lob gelang Christa Wolf, die seit einigen Jahren die Sommermonate in einem Dorfe Mecklenburgs verbringt. Sie spricht, bei der Auswahl der als Ferienlektüre vorgesehenen Bücher, von der „grünen Insel Mecklenburg, einsam gewiß nicht, doch Ort für Besinnung“ (Wolf, biblioteca universalis, S. 61). Im „Sommerstück“, jener großen Erzählung der Schriftstellerin Wolf, wird ein facettenreiches Bild des heutigen – oder jetzt schon gestrigen? – Mecklenburg entworfen: Pflichtlektüre für Liebhaber des Landes, das auch Uwe Johnson und Ehm Welk, Hans Fallada und Walter Kempowski, John Brinckman und Heinrich Seidel eine Heimat war oder Gegenstand ihrer Literatur.

Dabei ist die „griese Gegend“, um die es in den folgenden Kapiteln vorrangig geht, der auf den ersten Blick weniger reizvolle Teil dieses abwechslungsreichen Landes. Fritz Reuter überläßt in seiner „Urgeschicht von Meckelnborg“ den Engeln die Gestaltung des Landes, und „Michael nahm sich das Lübtheener Amt, Grabow und Dömitz vor, aber es wurde auch danach. Gesellenstück ist eben kein Meisterwerk“ (Lüpke, S. 78). Hartmut Brun, aus Polz in der „griesen Gegend“, gibt eine sachliche Definition: „Dieser Landstrich im südwestlichen Mecklenburg ist eine ehemalige Heidelandschaft mit tiefsandigen Wegen, großen Kiefernforsten, schmalen Feldstreifen, großen Dörfern, aber kleinen Höfen – eine Region, in der der Klump Verwendung beim Bau von Häusern fand. Die Bezeichnung der Landschaft leitet sich von der Beschaffenheit des Bodens ab, der seinem Aussehen nach grau bis aschgrau ist, leichter Sandboden also, von dem keine hohen Erträge zu erwarten waren“ (Brun, Giese, S. 5). Aus diesem kargen Stoff versucht Richard Giese, gebürtiger Warlower, Lyrisches zu schaffen:

Gries' Gegend

In Holt un Heid' un Ellernbrauk
Wietaf von Striet un Larm
Liggst du as buntgewörpelt Dauk,
Mien Heimat, weik un warm.

(...)

Dei Lüd, dei di nicht kenn'n und seihn,
Schimp'n Griese Gegend di,
Lat s'tünen, wat kann di gescheihn,
Dat Räden steiht iehr frie.

Mi aewer ist vull Sünnenschien
dien Holt un Heid' un Sand,
Wo künn dat ok woll anners sien,
Büst jo mien Heimatland! (Brun, Giese, S. 13-14)

Johannes Gillhof, auch er ein gebürtiger „Grieser", versucht, sich dem Thema „achtersinnig" zu nähern:

„Die Griese Gegend erstreckt sich ungefähr zwischen Elbe und Berlin-Hamburger Bahn, ... aber das riecht zu sehr nach Geographie. – Die Griese Gegend ist das Land der wenig eisenschüssigen Dünensande, der denudierten Diluvialplateaus, der breiten Erosionsfurchen aus dem Quartär und ... aber das ist ja Geologie. – Sie ist das Gebiet unsers Niederschlags-Maximums, das sich als breiter Streifen von Boizenburg bis Grabow zieht, ... Meteorologie! – Hier haben sich die Wenden am längsten gehalten. Von den Rittern gemieden, blieb sie Kleinbauern überlassen ...wollen wir in Siedlungsfragen bei Adam anfangen?

Wo liegt die Griese Gegend? Da liegt sie, wo die Begrüßungsformel nicht ‚Gundag!' lautet, sondern: ‚Ward't hüt noch Weder taut Inführen?' oder ‚Dor steiht noch vel Sünn an'n Hewen!' – Da liegt sie, wo man statt der unsicheren Angabe ‚Dat ist all lang her' die plastische Wendung hört: ‚Dat wer dunn, as den Düwel sin

Großmudder noch hen danzen güng'. – Sie liegt da, wo das Jungvolk nicht gleich zum Kadi läuft. Meinungsverschiedenheiten werden in vereinfachten Verfahren beglichen: ein paar Backenzähne, ein paar Rippen geraten in Unordnung, – das ist alles, und zum Schluß bleiben höchstens etliche Stuhlbeine, einige Biergläser und derlei zerbrechliche Dinge zu bezahlen. – Und endlich: da liegt sie, wo man nach dreißig Jahren einen alten Jugendfreund wiederfindet. ‚Na, wo geiht't?' Eine wenig bewegte Miene, ein freundliches Aufleuchten im Hintergrund der Augen und dann in ebendrächtigem Ton: ‚Wo sall't gahn? So lang als ein' noch Höltentüffel an den Fäut hett un en Flicken vör'n Hinnelsten, so lang' sall hei nicht klagen.' Der ganz auf sich selbst gestellten, gelassenen Lebensphilosophie tut es keinen Abbruch, wenn der Jugendfreund nicht die letztgenannte Vokabel gebrauchte, sondern in sinnig-einfacher Anschaulichkeit den plattdeutschen Kriegsgott zitierte.

Nun wissen wir ungefähr, wo die Griese Gegend liegt. (...)

Ein karges Land. Ohne den fröhlichen Reiz, den lebhafter Terrainwechsel, fruchtbarer Geschiebemergel, Laubwälder und blaue Seen verleihen. Tönende Stille zieht durch die meilenweiten Wälder von Quast; singendes Schweigen liegt über den Breiten der vertorften Flußniederungen, ein unendlich altes, runenvolles Antlitz zeigen die mattgelben Sandschalen und sind geologisch doch so jung. Die lächelnden Seen fehlen" (Brun, Gillhoff, S. 58-59, 61).

Den Übergang von der „griesen Gegend" zur Prignitz zu finden, fällt nicht nur dem ortsfremden Touristen schwer. Jahrzehntelang lag das Länderdreieck von Hannover, Mecklenburg und Brandenburg zwischen Dömitz und Lenzen an der Elbe, bis die Prignitz, die Jürgen Borchert als „märkisches Kernland" bezeichnet (Zettelkasten, S. 8) und deren westliche Grenze hier zu finden war, im Zuge der Verwaltungsreform von 1952 dem mecklenburgischen Bezirk Schwerin zugeschlagen wurde. In Borcherts „Zettelkasten" kann man nachlesen, welche verzwickten Folgen das für die Sprache und das Regionalbewußtsein hatte (ebd., S. 7 ff).

Wittenberge, neben Perleberg die wichtigste Stadt der Westprignitz, ist nahezu ein „Muß" für jeden Touristen: die nahegelegenen Elbbrükken sind bis heute ein verkehrsstrategisches Nadelöhr. Vom Magazin

„Prignitzer Heimat“ wurde die 1978 erbaute Straßenbrücke lyrisch als „die schöne Schlanke“ gefeiert (Heft 4/88); das kann verstehen, wer die alte Brücke kennt, die Adolf Endler (vgl. Kapitel Osterburg) in seinem Gedicht beschreibt:

Abschied von einer Stadt: Wittenberge

Als ich dich verließ, stach Sturm durchs Geländer der Brücke.
Rauchfahnen hingen dir wirr ins Gesicht wie schmutziges Haar.
Häßliche Schöne! Mit der Kette der Abschiedsblicke
Bind ich für immer dich an mich –
mein Herz ist ein Archivar:
Als ich dich verließ, sind Eisschollen nordwärts geschwommen;
Um sie haben sich rötliche Schaumballen tänzelnd gedreht,
Speichel des Werks, die aus Röhrenmund stoßweise kommen.
Du hat mir als Abschiedsgruß Gestank wie von Lumpen geweht...
Dumpf klapperten über die Elbe die steinernen Platten
Der Brücke, die sich den Rädern als Tamburin spannt.
Dann nahmen Wolken mich in ihren wandernden Schatten.
Von einer spröden Geliebten, unglücklich geliebt –
plötzlich hab ich mich abwandt!

(1962)

Wer Wittenberge durchfahren und dabei in der Burgstraße 7 des Dichters Theodor Körner gedacht hat, der hier im Mai 1813 übernachtete, gelangt bald in die Gegend von Rühstedt, Wilsnack und Quitzöbel: hier beginnt das Reich Theodor Fontanes, dem nicht ins Handwerk gepfuscht werden soll, hier liest man die „Wanderungen durch die Mark Brandenburg“ und spätestens hier endet – allem Streit um die Grenzen zum Trotz – endgültig der Bereich des Landes Mecklenburg.

Literatur: Emanuel Hartenstein, (ohne Titel). In: Lüpke, s.u., S. 149-150

Fritz Reuter, Urgeschicht von Meckelnborg. In: Reuter, Sämtliche Werke. Hrsg. v. C.F. Müller, Leipzig 1905, 18. Band, S. 30-98

ders., Von der Erschaffung der Welt (Übertragung der „Urgeschicht" ins Hochdeutsche v. F. und B. Minnssen). In: Lüpke, s.u., S.78

Richard Giese, In Holt un Heid'. Gedichte und Prosa. Hrsg. v. Hartmut Brun, Hinstorff Verlag, Rostock 1989

Ernst Barlach, (ohne Titel) geschrieben 1928. In: Lüpke, s.u., S. 165

Karl Julius Weber, (ohne Titel), geschrieben 1828. In: Lüpke, s.u., S. 162

Fritz Rudolf Fries, Erlebte Landschaft. Bilder aus Mecklenburg. Rostock 1979, zitiert nach Zschocke, s.u., S. 328

Christa Wolf, biblioteca universalis. In: Christa Wolf, Die Dimension des Autors. Band 1. Frankfurt 1990, S. 61-63

dies., Sommerstück (Erzählung). Frankfurt 1989

Adolf Endler, Abschied von einer Stadt: Wittenberge (Gedicht). in: ders., Verwirrte Botschaften. Gedichte. Rowohlt Verlag, Reinbek 1979, S. 84

Prignitzer Heimat, Magazin für den Kreis Perleberg. Heft 4/88: Unsere Brücken über die Elbe (3): Die schöne Schlanke, S. 27

Hugo Ramin, Quartier in der Burgstraße. Vor 175 Jahren: Theodor Körner in Wittenberge. In: Prignitzer Heimat, Heft 3/88, S. 21

Karl-Heinz Gätke, Auf den Spuren Theodor Fontanes. Zur Geschichte der Quitzows. Was sich noch in Quitzöbel, Rühstädt, Kletzke und Legde entdecken läßt. In: Prignitzer Heimat, Heft 6/89, S. 27- 30

Theodorf Fontane, Wanderungen durch die Mark Brandenburg. Fünfter Band. Fünf Schlösser. Kapitel 1: Quitzöwel. München 1971

Gerd Lüpke, Typisch Mecklenburg. Besinnliches, Heiteres und Nachdenkliches aus dem Landes unter der Seebrise. Ein Lesebuch. Verlag Weidlich. Würzburg 1986

Gerda Zschocke u. Günther Drommer (Hg.), Mecklenburg. Ein Reiseverführer. Greifenverlag. Rudolstadt, 2. Auflage 1988

Marlies Menge, Mecklenburg. Reisebilder aus der DDR, Köln 1989

Boizenburg

Weitblick trotz Fachwerkenge

Boizenburg – ein „reizvolles Städtchen", gar eine „niederelbische Schönheit", wie Jürgen Borchert sie preist (Zettelkasten, S. 12 und 35)? Nein, dem Touristen, der von Lauenburg kommend in die Stadt hinein- oder besser: hinunterfährt, erschließen sich die Reize der alten Siedlung „Boyceneborgh" nicht. Zu sehr versperren die hohen Schiffswerftzäune den Elb-Blick, bedrängen die alten Fachwerkhäuser die völlig überlastete Durchgangsstraße. Erst am Ortsausgang Richtung Bahnhof kann man auch aus dem Auto heraus linkerhand einen Blick auf den reizvollen Pavillon am Wall erhaschen: empfehlenswerter Ausgangspunkt für Spaziergänge entlang einer spitzwegschen Kulisse aus Lindenallee, Hinterhöfen und Wallanlagen. In wenigen Minuten ist die Altstadt umwandert, das sehenswerte Rathaus nebst Kirche besichtigt. Ein Museum nebenan lädt mit historischer Fassade zur weiteren Auskunft über Boizenburg ein. Hier findet sich – an würdiger Stelle im zentralen Mittelzimmer des ersten Stockes – die eindrucksvolle Büste eines gewissen Ludwig Reinhard – oder sollte man besser sagen: die Büste Reinhards mit der eindrucksvollen Nase? Doch Spott und Ironie sind fehl am Platz bei diesem Mann, dessen Wirken weit über Boizenburg hinausreicht. Nicht seine Tätigkeit als Rektor der Stadt- und Armenschule machte ihn bekannt, obwohl er dort zu bemerkenswerten Methoden griff, die seiner Zeit weit voraus waren: „Sobald ein Kind sich unlustig zeigte, ließ er es abtreten und solange spielen und herumlungern, bis es, zu anderer Einsicht gekommen, sich schamerfüllt wieder einstellte" (Schulz, S. 19). Die antiautoritäre Erziehung eines A.S. Neill läßt grüßen. Reinhard war Erzieher mit Leib und Seele, Pestalozzi und Heine, aber auch Jahn und Arndt bestimmten sein Denken und Tun; zum Freundeskreis zählten Fritz Reuter und John Brinckman ebenso wie Hoffmann von Fallersleben und, später, August Bebel. Um so mehr zog man in Regierungskreisen die Augenbrauen hoch, wenn man Reinhards Spottverse, etwa auf die Landeshauptstadt Schwerin, las:

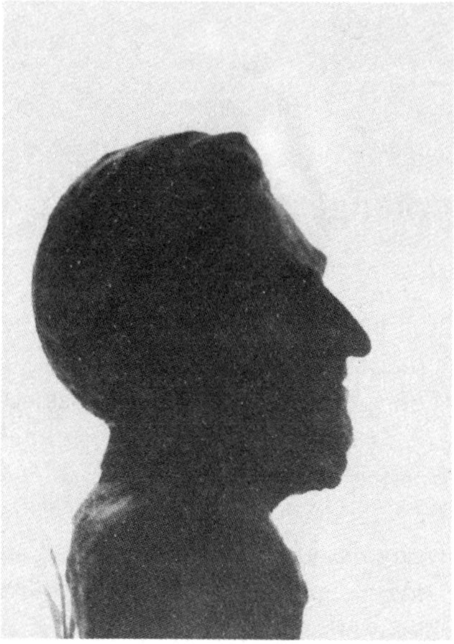

Fritz Reuter attestierte ihm in der Gestalt des Avkat Rein eine „krumme Näs' und lange Bein“: Die Büste des Boizenburger Rektors Ludwig Reinhard steht im Museum der Stadt – ein durchaus eigenwilliger Kopf, auch im Denken und Handeln.

Berthold Meins Bleistiftzeichnung gibt die Panoramasicht auf Boizenburg frei. Im Hintergrund der Stadt die Elbberge, deren Ausblick ins „flache, langweilige Hannoverland“ schon Reinhard lobte.

Sei mir gegrüßt, du Sitz der Vernunft
Und vieler hoher Behörden,
Die hoch geachtet und höher geschätzt
Und am höchsten besoldet werden!

(Borchert, Je dunkler..., S. 46)

Und was sollte man nun gar erst über das Gedicht sagen, das der verbeamtete Lehrer über die Lage der unteren Stände, der kleinen Leute schrieb?

Doch was erspäht mein Aug in Dörfern,
Hütten, Winkelgassen?
Was wimmelt dort, ist's Fluchen, ist's Gebet,
gedrängt in Massen?
Es kauert, hockt, wie Kehricht,
den man in die Ecke schüttet.

(Schulz, S. 20)

Noch konnte die Obrigkeit ihm nicht an den Kragen, denn die Boizenburger und andere „Landeskinder" wählten Reinhard zu einem der vier mecklenburgischen Deputierten für die Frankfurter Nationalversammlung von 1848, wo der schreibende Erzieher zum äußersten linken Flügel zählte. Doch schon bald nach dem Scheitern der Revolution erfolgte die Abrechnung.

Friedrich Franz II.: **„An den Rector Reinhard zu Boizenburg, Schwerin. Durch euer Zusammenhalten mit derjenigen Partei der Frankfurter Nationalversammlung, welche sich in Stuttgart als Organ des deutschen Volkes aufgeworfen hat und durch euer Teilnehmen an den dort gefaßten ungesetzlichen Beschlüssen, habt ihr die Dienstpflichten, womit ihr Uns verwandt seid, schwer verletzt und das Vertrauen, worauf dies Dienstverhältnis nur begründet sein kann, so tief untergraben, daß Wir Uns notgedrungen sehen, von der in Unserer euch unterm 9. Febr. 1843 erteilten Bestallung vorbehaltenen Kündigung hiermit zu der Folge Gebrauch zu machen, daß ihr zu Weihnachten dieses Jahres aus eurem Dienst als Rector an dortiger Stadtschule entlassen sein**

sollt... der Dienstleistung seid ihr schon jetzt enthoben" (Borchert, Je dunkler..., S. 86f).

Eine fristlose Kündigung. Die Boizenburger wollen ihren Reinhard halten, schreiben eine Petition, protestieren: „Gottlob stinkt der Schweriner Hofmief nicht bis hierher, hier riecht es schon nach Nordsee und hamburgischer Freiheit, die Republik der Pfeffersäcke ist näher als die Residenz des Herzogs", ist bei Jürgen Borchert zu lesen. (Je dunkler..., S. 37). Doch die Bürokratie bleibt bei ihrem Berufsverbot. Reinhard muß Boizenburg verlassen, sein Lebensweg führt ihn weg aus Mecklenburg, er ist publizistisch tätig, muß dafür ins Gefängnis, berät Arbeiterbildungsvereine und bleibt sich stets selbst treu.

Zweimal ist ihm ein literarisches Denkmal gesetzt worden: Sein Freund „Fritzing" Reuter hat in der „Stromtid" neben dem überragenden Zacharias Bräsig den „Avkat Rein" geschaffen – nicht nur in der Physiognomie mit „krumme Näs' und lange Bein" ein Porträt des Boizenburger Freundes.

Gut 130 Jahre nach Reinhards Paulskirchenberufung legte der Schweriner Jürgen Borchert mit „Je dunkler der Ort..." einen einfühlsamen biografischen Roman über das Leben des mecklenburgischen 48ers vor – eine Spurensuche, die auch den Alltag in Boizenburg mit Bürgerschaft und Geistlichkeit, Schulleben und Kleinstadtgehabe in Erinnerung ruft.

Zu diesem Alltag gehört auch, daß wenige Monate, nachdem Reinhard seine Rektorstelle antrat, die großherzoglich-mecklenburgische Regierung dem Boizenburger Juden Joel Behrendt den wiederholt vorgetragenen Antrag auf Eheschließung mit Christin Caroline Louise Meurant ablehnt: „Der Magistrat zu Boizenburg wurde angewiesen, die anscheinend in wilder Ehe mit dem Behrendt lebende Caroline Meurant baldigst zu entfernen" (Will, S. 10) – genau hundert Jahre später trieb man solche Frauen wieder als „Judenhuren" öffentlich durch Deutschlands Städte. Den beiden Menschen bot auch die Synagoge in der kleinen Wallstraße 7 keinen Schutz; die geschlossene Fassade des Hauses verspricht mehr, als die Geschichte einlösen kann: „Die jüdische Gemeinde entschloß sich 1892, das Haus an die Freimaurerloge zu verkaufen. Es überstand die Nazizeit unbeschadet, diente jahrzehntelang als Museum und ist heute Musikschule. Das Denkmalschutzwappen ziert die historische Backsteinfassade. Wenn mich nicht alles täuscht, ist die Boizenburger Synagoge das einzige äußerlich unveränderte Gebäude dieser Art in Mecklenburg“ (Borchert, Zettelkastens, S. 104f).

Die Geschichte der Juden Boizenburgs endet in einem stillen Erlöschen: 1924 leben hier noch die Familien Katz, Cohn und Wolf; 1933 emigrieren die letzten Nachfahren des Abraham David Cohn, der schon 1788 zu den sogenannten „Schutzjuden“ der Stadt zählte. Lediglich der jüdische Friedhof bewahrt seit über 200 Jahren eine erloschene Tradition, obwohl auch er nun schon seit Jahrzehnten nicht mehr belegt wird.

Der Lauenburger Postweg führt hin zu den „Turnereichen“ in den Elbbergen, die den jüdischen Friedhof, an einem südlichen Talhang gelegen, schützend umgeben. Besonders im oberen, älteren Teil der Anlage wirken die Grabsteine auf den Besucher: alle als stehende, flache Steinplatten von knapp einem Meter Höhe gestaltet, in ihrer Schlichtheit beruhigend und zugleich beeindruckend. Es ist eine alte jüdische Vorschrift, die hier über Generationen hinweg befolgt wurde: Die Steine sollten durch gleiche Höhe und Formgebung symbolisieren, daß mit dem Tod alle Unterschiede des Lebens ausgeglichen sind. Die so erreichte Einförmigkeit der Anlage wird durch das Fehlen jeglicher Blumen betont. Jeder aufwendige Totenkult ist der jüdischen Tradition fremd, der Hinterbliebene soll nach kurzer Trauer um des Lebens willen den Schmerz eindämmen. Lediglich die kleinen Steine auf den Denkmälern lassen erkennen, daß die Nachkommen oder Freunde der Toten gedachten und einen jahrhundertealten Brauch am Leben halten: möglicherweise geht er zurück auf die Bestattungspraktiken von Wüstenvölkern, die ihre Toten durch Steinhaufen vor wilden Tieren schützen wollten. Der stille abgeschiedene Ort, der so friedlich wirkt und doch so viel verrät, hat den Boizenburger Schriftsteller Knuth Wolfgramm zu einem Gedicht angeregt:

Jüdischer Friedhof in Boizenburg

Stille
Winternachmittagsweiß
Moses treibt zu den Seinen
Unter dem harschen Schweigetuch
Ahnt er gefrorenes Weinen

Ihn hindert nicht Mauer
Noch verschlossenes Tor
Bei seinen Brüdern zu sein
Asche krallt sich an Bäumen empor
Fällt neben Aarons Gebein

Und schläft dort tief
Und manches Jahr
Unter Davids verwitterndem Stern
Schritte Flüstern überm Granit
Niemals mehr Lärm

Wer diesen stillen Platz verläßt, sollte die Sandberge gegenüber erklimmen; mit dem Friedhof im Rücken wird ihm ein Ausblick auf das Urstromtal der Elbe gewährt, der sowohl Ludwig Reinhard als auch Knuth Wolfgramm inspirierte. Lassen wir sie eintreten in einen kleinen Dichterwettstreit. Zunächst Ludwig Reinhard, Jahrgang 1805:

„Hurrah, Frühling!
Die Aussicht von unseren Elbbergen gehört zu den Interessantesten, was in Mecklenburg zu haben ist. Ein anmutiges Landschaftsgemälde, das immerhin verdiente, auf eine Ausstellung geschickt zu werden. Das einzige, was der Kritiker monieren könnte, wäre etwa der flache langweilige königlich hannöversche Hintergrund. Langeweile, dein Name ist Hannover!
Recht eigentümlich hingegen nimmt sich, zumal bei hohem Wasserstande, unsere Stadt aus, deren Häuser sich an die Kirche herandrängen wie kleine Mädchen an ihre Gouvernante, wenn ein großer Hund gelaufen kommt.
Ausdruck aber und Leben und Charakter bekommt die Physiognomie der Landschaft erst durch den Elbstrom, der sich in einem großen Bogen um unsere Marschen zieht...“ (Borchert, Je dunkler..., S.38).

Und nun Knuth Wolfgramm, Jahrgang 1952:

Elbniederung bei Boizenburg

Der Strom so weit das Auge reicht
Und auch der Stacheldraht
Ein Ufer nicht dem andern gleicht
Verschieden ist die Saat

Der heimatlose Bruder Wind
Spielt mit den Wellen Dampfer
Umarmt begierig wie ein Kind
der jungen Sauerampfer

Der Hund am Zaun gibt keine Ruh
Stellt ungebetene Gäste
Die Elbe strebt der Mündung zu
In abendroter Weste

Boizenburg - eine niederelbische Schönheit im Schatten.

ⓘ Boizenburg, Rathaus mit Laubengang von 1711, Kirche , Wallanlagen. Stadtmuseum, Pavillon am Wall, ehemalige Synagoge.

Literatur:

Knuth Wolfgramm, Elbniederung bei Boizenburg; Jüdischer Friedhof in Boizenburg. Gedichte. In: Temperamente. Blätter für junge Literatur. Heft 3/1982, Seite 120 und 119

Jürgen Borchert, Je dunkler der Ort... Ein Ludwig-Reinhard-Roman. Hinstorff Verlag, 3. Auflage, Rostock 1987

Jürgen Borchert, Albumblatt für Ludwig Reinhard. In: ders., Elefant auf der Briefwaage. 40 Feuilletons. 2. Auflage, Halle- Leipzig 1979

Jürgen Borchert, Mein mecklenburgischer Zettelkasten. Hinstorff Verlag, 2. Auflage, Rostock 1989

Jürgen Borchert, Des Zettelkastens andrer Teil. Hinstorff Verlag, Rostock 1988

Johannes Schulz, Ludwig Reinhard – ein fortschrittlicher Demokrat und Pädagoge. In: Boizenburg. Beiträge zur Geschichte der Stadt. Hrsg. v. Rat der Stadt, Boizenburg 1980, Seite 19-21

Erika Will, Jüdische Vergangenheit in Boizenburg. In: Boizenburg. Beiträge zu Geschichte der Stadt. Hrsg. v. Heimatmuseum Boizenburg, Heft 3/1985, Seite 9-24

Der Boizenburger Wall-Pavillon. Hrsg. v. Rat der Stadt Boizenburg, Boizenburg o. J.

Demontierte Geschichte in Neuhaus an der Elbe: Ein leerer Denkmalssockel am Marktplatz vor dem Krankenhaus, in dem Herta Benn an den Folgen einer Überdosis Morphium starb.

„Soweit ich noch einen menschlichen Wunsch in bezug auf die Realitäten dieser Erde habe, ist es der, neben dem Grab meiner Frau in Neuhaus begraben zu werden" – Gottfried Benns Wunsch erfüllte sich nicht, seine benachbarte Grabstelle, die er sich gekauft hatte, blieb leer, das Grab seiner Frau wurde neu belegt.

Neuhaus an der Elbe

Kein Denkmal für Herta Benn

Nein, es hat kein Glück mit seinen Denkmälern, das Städtchen Neuhaus an der Elbe: Eines stand am alten Pfarrhaus in der Parkstraße Nummer 8 und sollte daran erinnern, daß hier am 27. September 1856 „Unserem Dr. Carl Peters, Begründer von Deutsch-Ost-Afrika", das Leben geschenkt wurde. „Hänge-Peters" nannten ihn die farbigen Eingeborenen schaudernd nach seiner von ihm bevorzugten Hinrichtungsart, und der Kolonialist selbst prahlte mit der angeblich gewonnenen Erkenntnis, „daß diesen wilden Söhnen der Steppe schließlich doch nur die Kugeln der Repetiergewehre und der Doppelbüchse, und zwar in nachdrücklicher Anwendung gegen ihren eigenen Körper, imponiert haben" (Paczensky, S. 39). Da nimmt es denn kein Wunder, daß der Denkmalsfindling im Frühjahr 1945 spurlos verschwand, „um bei den Besatzern keine unguten Gefühle zu wecken" (Hessing, S. 57).

Das Kriegerdenkmal an der Kirche in Neuhaus steht dagegen noch; ein steinerner Christus nimmt einen sterbenden Soldaten in die Arme, doch wirkt die abgelegene, unter Ästen und Zweigen verborgene Anlage etwas verloren – ein Denkmal „außer Betrieb". Abseits, in einer Wegbiegung am Markt dann eine Gedenkstätte für die Opfer des 2. Weltkrieges: „Die Toten mahnen" steht auf einem Steinsockel in der Ecke einer gepflegten, tiefergelegenen Grünanlage, etwas abgeschnitten vom Markt durch den Straßenverkehr der Hauptstraße. Wer dieses Ehrenmal dennoch besucht, blickt hoch zum Marktplatz, sieht einen schmiedeeisern umzäunten Denkmalssockel, der nichts mehr trägt, seiner Funktion beraubt ist: Die Erinnerung scheint sich zu sperren, die Wandlung der Geschichte in Symbolik mißlingt.

„Die Toten mahnen" – gilt das auch für jene Herta Benn, die Anfang Juli 1945 in dem kleinen Fachwerkkrankenhaus auf der anderen Seite des Marktes starb? Welche Mahnung enthielte ihr Freitod für uns heute? Der Versuch einer Antwort führt tief in die Verstrickungen deutscher Geschichte.

Am 22. Januar 1938 heiratet der Arzt für Haut- und Geschlechtskrankheiten, Dr. Gottfried Benn, die Hannoveranerin Herta von Wedemeyer. Benns Bekanntheit lag nicht in seiner Berufstätigkeit, es waren die Gedichte, mit denen er schon 1912 das Bürgertum erschreckte: klinischkalte Lyrik über ertrunkene Bierfahrer, Huren und Krebskranke, die Sprache verrät das entsetzte Mitgefühl des Anatomen und Dichters. Die Nazis verfolgen ihn – trotz seiner anfänglichen Sympathie für den „Neuen Staat" – mit Verachtung und Schreibverbot für den „Asphaltliteraten". Benn flüchtet in die „innere Emigration", geht als Oberstabsarzt zur Wehrmacht nach Hannover, wo er Herta von Wedemeyer kennenlernt. Als er einer Freundin und seiner Tochter aus erster Ehe die neue Ehefrau ankündigt, bedient er sich einer Sprache, die ihn wenig sympathisch erscheinen läßt:

„Ich habe mir eine kleine Vertraute in den letzten Wochen herangezogen, die ich mir ... halten will. Ich bin nicht im geringsten verliebt, es ist reiner Ordnungssinn, der mich veranlaßt, zu versuchen, mein hannoversches Leben neu einzurichten. Ich wollte, ich wäre verliebt, ich bin es nicht" (Theweleit, S. 85f). Und weiter dann über die neue Ehefrau: **„ich glaube, sie wird Dir gefallen. Sie ist ungeheuer geschickt, kann kochen, nähen, Schreibmaschine schreiben, hat Geschmack, - ein reizender Gebrauchsgegenstand!"** (Theweleit, S. 1120).

Und doch wird es eine glückliche, partnerschaftliche Ehe, besonders die Jahre in Landsberg an der Warthe (1943-45) hat der Schriftsteller als erfüllte Zeit angesehen, trotz der schweren Erkrankung seiner Frau, die wegen eines Rheumaleidens zeitweise im Rollstuhl saß:

„Jene 1 1/2 Jahre in Landsberg waren wohl das Glück: zwei Zimmer in der Kaserne, draußen kleine Häuser und Wege in die Felder, die wir abends gingen, ein Frieden, den ich nie kannte – ein so bescheidenes Leben und es war das Glück und nun ist es zu Ende" (Benn, Briefe, S. 6-7).

Die nahende Niederlage Nazi-Deutschlands ist auch dem Militärarzt Benn bewußt:

„Die roten Reiter tränken ihre Rosse schon in der Warthe u. es wäre töricht, nicht mit ihrem nahen Kommen zu rechnen" (Theweleit, S. 24), schreibt er am 18. Januar 1945, und schon die Sprache verrät das Grauen vor dem apokalyptischen Ende. Die Flucht nach Berlin gelingt noch, aber Benn ist klar, daß nicht die Oder, sondern die Elbe künftige Trennlinie zwischen Ost und West sein wird. Schon 1942 hatte er prophezeit: „Die Zukunft muß man sich wohl sehr grausig vorstellen. Die Frage ist wohl nur die, ob man Stalin Deutschland bis zur Oder oder bis zur Elbe versprochen hat“ (Hillebrand, S. 147-148).

Daher setzt Benn, nachdem mehrere Versuche gescheitert sind, seine Frau in Häcklingen, dem Lüneburger Gut seines Freundes Oelze, unterzubringen – „jenseits der Elbe ist die Parole“ (Theweleit, S. 29) –, alle Hoffnungen auf Neuhaus an der Elbe: Notlösung oder Zufall? Sein Offiziersbursche, ein gewisser Sturm, stammt aus dem Elbestädtchen, die Eltern haben dort einen leerstehenden Katen. Benn ergreift die Gelegenheit in der Hoffnung, daß die „roten Reiter“ so weit westlich nicht vordringen werden. Er selbst plant noch im März 1945, seiner Frau zu folgen.

In Neuhaus, so wissen wir heute, wollte Benn sein Dableiben in Nazi-Deutschland gegenüber den Emigranten rechtfertigen, die ihn, wie etwa Klaus Mann, schon 1933 heftig attackiert hatten. Dazu Benn:

„Wer über Deutschland reden und richten will, muß hiergeblieben sein. Dies eine banale Skizzierung der Planung für Neuhaus“ (Theweleit, S. 33).

Ausgeführt wurde diese vorgesehene Apologetik dann von Frank Thiess und Manfred Hausmann (Briefe, S. 8, 12, 16). Für Benn blieb es bei Überlegungen; er erlebte das Kriegsende, als Militär zum „Durchhalten“ verpflichtet, am 30. April 1945 in Berlin, als die Rote Armee auch die Bozener Straße, in der Benn wohnte, eroberte. In diesen Tagen und Wochen wußte und erfuhr er nichts von seiner Frau und ihrem Schicksal in Neuhaus.

Wenig ist den Historikern aus dieser Zeit an schriftlichen Quellen überliefert, Augenzeugenberichte müssen oft ersetzen, was im Chaos des untergehenden „Dritten Reiches“ an Dokumenten verlorenging. Für die Gegend um Neuhaus ist es daher ein glücklicher Zufall, das Axel Beste, der Pfarrer des zwei Kilometer entfernt liegenden Dorfes Stapel, seine Lebenserinnerungen in dem Buch „Dorf im Sperrgebiet“ aufgeschrieben hat; seine detaillierten Angaben, die von älteren Neuhäusern auch für ihre Stadt bestätigt wurden, ermöglichen einen Einblick in die Verhältnisse, die Herta Benn in den Tod trieben.

Zu Beginn des Monats April, als Frau Benn ihre neue Bleibe bezog, hatte des Kriegsgeschehen auch Neuhaus erfaßt – man stand buchstäblich „zwischen den Fronten". Die Rote Armee eroberte vom Osten her das Mecklenburger Land und näherte sich Dömitz; die amerikanischen Truppen stießen von Süden her gegen die Elbe bei Lauenburg vor. Am 2. April lag Neuhaus unter Artilleriebeschuß, es gab Tote, brennende Häuser, überfüllt von Flüchtlingen und Bombengeschädigten. Die Nazis gaben den – dann nicht ausgeführten – Befehl zur Notschlachtung aller Tiere und zur Sprengung wichtiger Objekte. Seit längerem, so berichtet Beste, „wurden Strom und Licht nachmittags und abends ausgeschaltet. Petroleum oder Kerzen waren kaum erhältlich. In den letzten Aprilwochen gab es überhaupt keinen Strom und kein Licht. Der Rundfunk konnte nicht mehr gehört werden, so daß niemand mehr über die Lage Bescheid wußte. Die Post kam immer unregelmäßiger"(Beste, S. 98).

Todesängste und Gerüchte, Orientierungslosigkeit und Verzweiflung herrschten in Neuhaus, als die Amerikaner am 1. Mai die Stadt eroberten: „Südöstlich Boizenburg gelang es dem Feind unter starkem Feuerschutz mit schwächeren Kräften auf das Nordufer der Elbe überzusetzen" (S. 562) – so heißt es im Wehrmachtsbericht. Das nur wenige Kilometer entfernte Dömitz war seit dem 3. Mai zur Hälfte in der Hand der Sowjetarmee. Hatte sich Benns Hoffnung erfüllt, seine Frau vor den „roten Reitern" zu retten, oder gab es nur einen Zeitaufschub?

Vier Wochen blieben die US-Truppen im Ort, die Zahl der Flüchtlinge erreichte ihren Höchststand. Hinzu kamen die langen Kolonnen der gefangenen deutschen Soldaten, die Neuhaus durchzogen. „Es war ein buntes Völkergemisch, das die Gegend im Mai 1945 zu Gast hatte. Befreite Insassen von Konzentrationslagern, deutscher und fremder Nationalität..., ehemalige Kriegsgefangene und Zivilarbeiter, Italiener, Polen, Franzosen, Russen, Jugoslawen, Ungarn wurden durchgeschleust" (Beste, S. 101). Am 1. Juni wechselte dann die Besatzungsmacht, englische Soldaten übernahmen das Kommando.

In diesen Wochen ist Herta Benn ohne jeden Kontakt zu ihrem Mann, glaubt, daß er nicht mehr am Leben ist. Doch das entscheidende Ereignis, das ihr endgültig den Mut zum Weiterleben nimmt, ist die

Übergabe des Gebietes „Amt Neuhaus" an die Rote Armee. Die Engländer wollten die aufwendige Truppenversorgung über die Elbe aufgeben und zogen sich auf das linkselbische Gebiet zurück, die Pontonbrücke wurde abgebaut.

Entsprechenden Gerüchten über dieses Vorhaben traten die Militärs mit entschiedener Härte entgegen, wohl um eine Massenflucht zu vermeiden. Sieben Neuhäuser werden wegen der Verbreitung von „Gerüchten" noch am 29. Juni verhaftet; am darauffolgenden Tag hängen dann schon die Plakate aus, „die besagten: ‚gemäß den interalliierten Vereinbarungen werden wir zum 1. Juli dies Gebiet räumen und den sowjetischen Truppen überlassen.' (...) Gleichzeitig wurde das Betreten der Straße für 24 Stunden verboten." (Beste, S. 103)

In diesen Stunden der Ungewißheit beendet Herta Benn ihr Leben. Krank und verzweifelt, so schrieb Benn später, wollte sie **„über die Elbe auf das andere Ufer, wurde im Stich gelassen und kam nicht mit. Kehrte um und fand ihr Unterkommen besetzt. Hatte wohl niemanden, der ihr helfen konnte. Sehr mutig und lebensvoll war sie schon lange nicht mehr, vor allem: sie war ohne jede Nachricht von mir, hielt mich wohl für tot oder gefangen und da tat sie es denn"** (Lennig, S.129).

Die Furcht vor einer Mißhandlung oder Vergewaltigung durch die Rotarmisten spielte dabei eine große Rolle; Benn berichtete seinem Freund Oelze: „Herta...nahm sich das Leben. - Ursache: Im Zusammenhang mit dem Wechsel in der Besatzungsarmee, - Übergang des Ortes von der engl.-amerikanischen Zone in die russische Zone" (Briefe, S.5). Kannte die körperlich geschwächte Herta Benn vielleicht über Flüchtlinge die Gerüchte aus Dömitz, die Ernst Jünger in seinen „Kirchhorster Blättern" festhielt? Jünger schreibt unter dem Datum des 10. Mai 1945:

„Seit gestern beherbergen wir drei Frauen, die aus Dömitz vor den Russen geflohen sind. Dort müssen alle Schrecken der Hölle losgebrochen sein. Eine von ihnen erzählte, daß bald nach dem Auftauchen der Panzer Soldateska erschien, die man mit vorgehaltenen Pistolen in die Häuser dringen sah. Gleich darauf war das Land vom Geschrei der Frauen erfüllt. Die Unglücklichen wurden vergewaltigt, niedergeschossen, auf einen Haufen geworfen, mit

Herta Benn, geb. von Wedemeyer
1907–1945

Benzin übergossen und verbrannt. Die Erzählerin brach, als sie den Glanz der Flammen schilderte, in Tränen aus“ (Jünger, S. 439).

Herta Benn fürchtete wohl ein ähnliches Schicksal, und die Tragik ihres Freitodes liegt in der Unbegründetheit ihrer Sorgnisse: „Den sowjetischen Truppen muß das Zeugnis ausgestellt werden, daß sie sich durchaus korrekt verhalten haben“, schrieb der Stapeler Pastor (Beste, S.103), und ältere Neuhäuser Bürger bestätigen diese Einschätzung. Die Übergriffe und Untaten der ersten Wochen im April und Mai, wie sie aus Dömitz berichtet wurden, unterblieben im Amt Neuhaus.

So endete Herta Benns Leben in einer unauflösbaren Verdichtung von Ängsten und Entscheidungen, Enttäuschungen und Zufällen. Die Elbe war zum Grenzfluß geworden, der Fluß spielte blind Schicksal mit den Menschen: Leid oder Glück, Nord- oder Südufer. Zu der Zeit, als Herta Benn starb, erlebte der Schauspieler Bernhard Minetti am südlichen Elbufer, im fünfzehn Kilometer von Neuhaus entfernten Gut Dötzingen bei Hitzacker, das Kriegsende auf nahezu unproblematische Weise:

„Ich überedete die Familie, die Nacht im Wald zu verbringen. Als wir am nächsten Morgen zurückkamen, war das Schloß besetzt. Nichts war passiert.“ Wenige Tage später stößt auch der bei Stettin als Soldat eingesetzte Sohn Peter zur Familie. Minetti: **„Ich stand da, erschüttert vor Freude, und ich spürte die Tränen. Ich weiß keinen Tag in meinem Leben, der dem Tag dieses Wiederzusammenfindens gliche“** (Minetti, S. 158).

Nördlich der Elbe dagegen herrschte tiefste Trauer: Wieder zusammenzufinden, das hatte auch Gottfried Benn versucht. Im Juni schickte er seine Haushälterin durch die sowjetische Besatzungszone nach Neuhaus, zerschlagen und mißhandelt kehrte sie unverrichteter Dinge um. Dafür kamen am 27. Juli neue Nachrichten zu Benn. Vor seiner Tür stand ein Mann, der **„mir einen Brief von Herta brachte, dann eine lange Pause machte und sagte: ‚Ich muß aber leider hinzufügen, daß sich der Briefschreiber am nächsten Tag das Leben nahm‘ – ich denke immer noch jeden Tag an diese grauenvolle Stunde. Weiteres wußte er nicht, er hatte den Brief von Flüchtlingen bekommen und Weiteres erfuhr ich erst wochenlang später“** (Lennig, S.129). Erst im September 1945 gelingt es dem Witwer, das Grab seiner Frau zu besuchen. In einem Brief schildert er die Fahrt:

„Im September war ich an ihrem Grab, überhaupt nichts in meinem Leben hat mich so erschüttert wie dieser Tag in dem armseligen Dorf, in der Küche, in der sie seit Monaten wohnte u. auf mich wartete, auf dem Boden, wo sie in einer Ecke auf einem Kartoffelsack, der auf Holzspänen lag, sich die Morphiumeinspritzungen machte, an denen sie dann am nächsten Tag in dem kleinen Krankenhaus starb. Es war das Morphium, das wir beide für den bestimmten Fall beseite gestellt hatten u. das sie ohne mein Wissen mitnahm, als sie am 5. IV. hier abreiste“ (Theweleit, S. 114).

Eine zweite Reise im August 1946 bringt eine Wiederkehr der bitteren Erfahrungen:

„Ich war in dieser Woche 2 Tage in Neuhaus a.E., um nach dem Grab meiner Frau zu sehen. Eine wahrhafte Fahrt über den Styx! Ein Unternehmen auf Leben u. Tod. Verhungern, verschleppt werden, im überfüllten Coupee niedergeschlagen werden – alles da (...). Neuhaus liegt 12 km von der Bahn u. in der Nacht kommt man an u. in der Nacht fährt man fort. (...) Soweit ich noch einen menschlichen Wunsch in Bezug auf die Realitäten dieser Erde habe, ist es der, neben dem Grab meiner Frau in Neuhaus begraben zu werden“ (Briefe, S. 46-46).

Doch schon ein Vierteljahr später, am 19. Dezember 1946, heiratet Benn seine dritte Frau, die Zahnärztin Ilse Kaul. Sie hat für Benns um den Tod kreisende Lyrik „nicht viel übrig, immer nur Grab und Untergang, sagt sie, ich soll was Neues erfinden“, schreibt Benn 1949 (Briefe, S. 179). Er respektiert zwar diesen Wunsch, wahrt aber das Andenken seiner verstorbenen zweiten Frau, „an deren Schicksal ich unentwegt denke mit unveränderter Trauer, eigentlich jede Stunde“ (Briefe, S. 178). Doch diesen Schmerz kann er mit seiner neuen Frau nicht teilen: „An die Trauer um meine verlorene Frau wird sie nicht rühren, diese Dunkelheit wird mir allein gehören weiter wie bisher“ (Briefe, S. 62).

Ein bleibendes literarisches „memento mori“ hat der Lyriker Benn seiner Frau mit dem Gedicht „Orpheus' Tod“ gewidmet; mythologische Umsetzung der Neuhäuser Erfahrungen, Abarbeiten von Schuld und Trauer – wer der Entstehung dieses Gedichtes folgen, seine Aussage ergründen und zugleich Herta Benns Schicksal nachvollziehen will, der lese Klaus Theweleits „Buch der Könige“, eine der intelligentesten Studien der letzten Jahre, literaturgeschichtliche Präzisionsarbeit und geistiges Abenteuer zugleich.

Wer heute Neuhaus besucht und vom Krankenhaus am Markt zur Kirche gehen will, sollte den Schlachtergang(!) benutzen. Der Friedhof an der Kirchstraße ist im südlichen Bereich etwas verwildert; viele Gräber aus den Nachkriegsjahren verfallen grasüberwuchert; die schlichten Holzkreuze sind verwittert, die Inschriften schwer zu entziffern. Sudetendeutsche liegen hier, die im August und September 1945 in Neuhaus angesiedelt wurden: „Sudetenland war meine Heimat, das neue Königreich mein Vaterland“, steht auf einem Grab. Am Wegrand das Denkmal der Anna Karger, gestorben am 20. November 1945, aus Landsberg an der Warthe, Ausgangspunkt der Flucht Herta Benns.

Ihr Grab, nördlich der Kapelle, lag im Blickfeld einer tannenbestandenen Sanddüne: „Es würde mich nicht stören, dass der Friedhofsbrunnen ganz unmittelbar daran steht, er wird nicht viel in Bewegung gesetzt in diesem Hof am Wald“ (Briefe, S.47), so begründet Benn 1946 den Kauf der Grabstelle neben seiner Frau: „Die Gräber am Brunnen – ein Filmtitel, aber in diesem Fall wäre es eine mich bewegende Realität. Diesen Wunsch könnte ich natürlich nur mir selber erfüllen, indem ich dorthin führe, wenn es soweit ist. On verra“ (Briefe, S.47).

Es kam anders. Das Begräbnisbuch der Kirchengemeinde Neuhaus/Elbe verzeichnet unter der Nummer 2358:

„Frau Benn Neuhaus Flüchtling
belegt durch Frau Papner“

(Görk)

Der Friedhofsbrunnen ist längst einer modernen Wasserleitung gewichen. Ein schlichtes weißes Steinkreuz für Frau Papner steht heute auf dem eingeebneten Flüchtlingsgrab: Kein Denkmal für Herta Benn.

Gottfried Benn

Epilog 1949

(...)

Die Fluten, die Flammen, die Fragen
-und dann auf Asche sehn:
'Leben ist Brückenschlagen
über Ströme, die vergehn.'

Ein breiter Graben aus Schweigen,
eine hohe Mauer aus Nacht
zieht um die Stuben, die Steigen,
wo du gewohnt, gewacht.
(...)

🛈 Neuhaus an der Elbe, Zentrum des ehemaligen Amtes Neuhaus. Fachwerkkirche von 1626, mehrgeschossiger Turm. Heimatstube am Markt; historische Häuser sind gekennzeichnet. „Rosengarten"- Park.

Literatur:

Gottfried Benn, Sämtliche Werke. Stuttgarter Ausgabe. Band I: Gedichte 1. Klett-Cotta, Stuttgart 1986

Gottfried Benn, Briefe an F.W.Oelze 1945 - 1949. Hrsg.v. Steinhagen/Schröder. Frankfurt 1982

Edgar Lohner (Hg.), Gottfried Benn. Der Dichter über sein Werk. München 1976

Klaus Theweleit, Buch der Könige. Band 1. Orpheus und Eurydike. Verlag Stroemfeld/ Roter Stern, Basel und Frankfurt 1988

Walter Lennig, Gottfried Benn. Mit Selbstzeugnissen und Bilddokumenten (rororo-Monographie), Reinbek 1962

Bruno Hillebrand, Biografie Gottfried Benn. In: Text und Kritik, Heft 44, 2. Aufl., München 1985, Seite 136-155

Axel Beste, Das Dorf im Sperrgebiet. Geschichte von Stapel, früher Landkreis Lüneburg. Hildesheim 1970

Erich Hessing, Dr. Carl Peters aus Neuhaus(Elbe). In: ders., Denkmäler, Menschen und Geschichte im Landkreis Lüneburg. Lüneburg 1981, Seite 55-57; dort auch: Amt Neuhaus darf nicht vergessen werden, Seite 76-78

Eckhard Groth, Galgen am Kilimandscharo. Das schmähliche Ende der Karriere eines deutschen Nationalhelden (Peters). In: Die Zeit, Nr. 4 v. 20.Januar 1989

Gert von Paczensky, Weiße Herrschaft. Eine Geschichte des Kolonialismus. Überarbeitete Neuausgabe, Frankfurt 1979

Ernst Jünger, Sämtliche Werke. Band 3: Tagebücher III: Strahlungen II. Klett-Cotta, Stuttgart 1979, S. 438/9

Bernhard Minetti, Erinnerungen eines Schauspielers. Hrsg.v. Günther Rühle. Reinbek 1988

Die Wehrmachtsberichte 1939-1945. Band 3. 1. Januar 1944 bis 9. Mai 1945. Unveränderter photomechanischer Nachdruck. Köln 1989

Bernd Görk, Pastor in Neuhaus an der Elbe, gab freundlicherweise die Auskunft aus dem Begräbnisbuch.

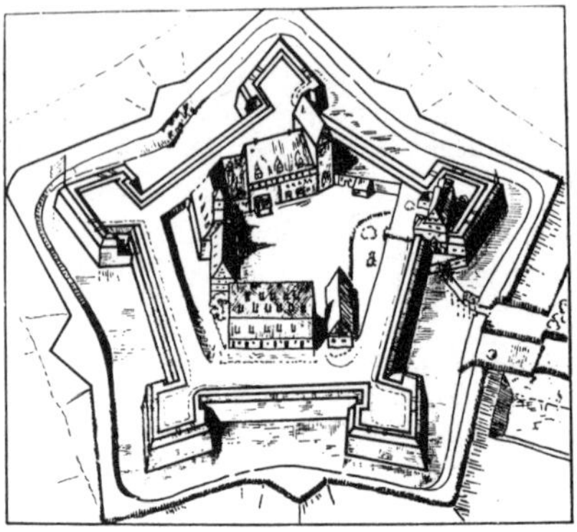

Ein Vergleich der Dömitzer Festungsanlagen gegen Ende des 17. Jahrhunderts mit heute zeigt, daß sich nur wenig geändert hat: noch immer bestimmen die fünf Bastionen – wie bei einem stacheligen Seestern – das äußere Bild, und der Festungshof mit dem Kommandantenhaus gegenüber dem Eingang hat die ursprüngliche Gestalt weitgehend beibehalten.

Ein Bild aus „Zwischenzeiten" – die Bastion „Drache" an der Südspitze der Festung durfte im Frühjahr 1990 nach jahrzehntelanger Sperre **schon** betreten werden – der Beobachtungsturm der Grenztruppen steht **nach.** Inzwischen ist auch er abgerissen.

Dömitz

Mehr als Reuters „Festungstid“

Mit Fritz Reuter in Dömitz zu beginnen, hieße Eulen nach Athen tragen – zu sehr beherrscht der plattdeutsche Dichter die Stadt: Apotheke, Hotel und Gaststätte, Kino, Schule, Straße, alles trägt seinen Namen. Dabei hat er durchaus ernstzunehmende Konkurrenz aus Politik, Wirtschaft und Kultur, die auch ein Anrecht darauf hätte, im Zusammenhang mit Dömitz genannt zu werden. Wallenstein und Tilly zogen durch die Stadt, Oxenstierna und Pappenheim hausten hier in den Wirren des 30jährigen Krieges. Schill verschanzte sich 1809, von Arneburg kommend (vgl. Kapitel Tangermünde), auf der Festung, und während der Befreiungskriege überquerte Lützows „wilde, verwegene Jagd“ bei Dömitz die Elbe.

Was sich auf dem Gebiet der Kunst und Kultur in Dömitz tat, hat Hartmut Brun mit anderen Regionalforschern zusammengetragen; es ist ein buntes Völkchen von Dichtern und Malern, Schauspielern und Musikern. Da heiratet der ortsansässige Rektor Spolenholz die Tochter des Grabower Bürgermeisters Johann Mann, der ein direkter Vorfahr des Literaturnobelpreisträgers Thomas Mann ist (vgl. Kapitel Grabow); da reist der Prinzenerzieher und Barockdichter Sigmund von Birken, aus Dannenberg kommend, im September 1648 über Dömitz nach Schwerin; und im Jahre 1902 kehrt Johannes Gillhoff (vgl. Kapitel Ludwigslust) mit seinem Halbrennrad Marke „Brennabor“ von einer Reise durch die Heide über die Dömitzer Eisenbahnbrücke zurück nach Glaisin.

Außer Joachim Slüter, dem Reformator Mecklenburgs (geb. um 1490), kam Ludwig Kreutzer, der Mitherausgeber des damals beliebten „Voß-un-Haas-Kalenders“, ebenso in Dömitz zur Welt wie Thilo Schmidt, der in den zwanziger Jahren als populärer Bühnenautor in Leipzig große Erfolge feierte. 1935 schrieb er anläßlich der 700-Jahrfeier der Festung das Stück „Fritzing in Däms“. Am gegenüberliegenden Elbufer, im Dorf Cacherien, starb Schmidt im April 1946.

Die Teilung Deutschlands machte Dömitz, in dessen Nähe der expressionistische Maler Schmidt-Rottluff das zeitweilige Berufsverbot der NS-Zeit überstand, zur Grenzstadt; nördlich der zerstörten Brücken unternahm Georg Thomalla die ersten Schritte zur Nachkriegskarriere, südlich davon drehte die Knef in alten Eisenbahnwaggons auf dem Gleisdamm vor dem Brückentorso mit dem „Film ohne Titel" eine der ersten deutschen Nachkriegsproduktionen. In ihrer Autobiographie „Der geschenkte Gaul" berichtet sie über die Drehtage. Bis in die jüngste Zeit hinein blieben die Dömitzer Brücken Wahrzeichen deutscher Geschichte; Lyriker wie Heinz Kattner oder Wolfgang Rischer und Liedermacher wie Walter Moßmann schrieben über sie und das nahegelegene Städtchen (vgl. Kapitel Die Grenzen in der Literatur), das erst 1973 aus der Sperrzone herausgenommen und damit für westdeutsche Besucher freigegeben wurde.

Es waren dann nicht nur Reuter-Freunde, die es in die Elbestadt lockte, allein der Blick von der Straßenbrücke oder der alten Fährstelle bei Kaltenhof reizte zum Besuch. Rathausturm, Kirche und Festungsbauten bilden ein anheimelndes Ensemble, vermitteln etwas von der Beschaulichkeit kleiner Landstädte, wie man sie von Merian-Stichen her kennt.

Aber ein Rundgang durch die Stadt zeigt dann – wenn auch oft nicht sofort erkennbar – die bitteren Spuren der Vergangenheit. Wem das einheitliche Stadtbild rund ums Rathaus mit der geschlossenen Fassade zweistöckiger Fachwerkhäuser gefällt, der sollte bedenken, daß dies das Ergebnis eines völligen Neuaufbaus nach der Kanonade französischer Artillerie aus dem Jahre 1809 ist – die Soldaten Napoleons folgten dem unrühmlichen Brauch jener Männer, die des freien Schußfeldes wegen die ganze Stadt Dömitz vor der Festung niederbrannten und die zum Teil noch heute als geniale Feldherren durch unsere Geschichtsbücher geistern – auch in Dömitz kennt man seine Pappenheimer!

Doch damit ist man schon wieder – beinahe zwangsläufig – bei der alles beherrschenden Festung. „Rotziegeliges Kriegsspielzeug" nannte sie Jürgen Borchert respektlos:

„In einem Polder zwischen der Elde und der Elbe hockt der fünfstrahlige Koloß, im wesentlichen äußerlich unverändert, wie ein stacheliger Seestern. Die nach außen starrenden spitzwinklig

angelegten Bastionen sind mit weit eingezogenen, steil in den Wassergraben abstürzenden Kurtinen verbunden. Die mächtigen Ziegelsteinmauern sind glatt und abweisend; winzige Schießscharten weisen auf die Kasematten hinter den Mauern hin“ (Borchert, Zettelkasten, S. 25).

Aber bevor sich nun Fritz Reuter schon wieder in den Vordergrund drängelt, muß an die düster-drückende Vergangenheit des Festungshofes erinnert werden, der den heutigen Besucher nach dem Passieren der dunklen Toreinfahrt mit seinen alten Baumbeständen und der Freilichtbühne leicht zu romantisierenden Träumereien verführt. Die an sich schon schaurigen Prozesse mit Folter und Blutgerüst, die Herzog Carl Leopold um 1720 hier veranstaltete, werden noch übertroffen durch die Zustände, die im Zucht- und Irrenhaus herrschten, das ab 1755 im alten Südbau der Festung eingerichtet war. Jürgen Borcherts Schreckenskatalog von Strafen und „Erziehungsmaßnahmen“, der vom Anschmieden der Verurteilten an schwere Karren bis zur Knutpeitsche mit Spitzen und Knoten reicht (vgl. Borchert, Zettelkasten, S. 29), mag als Andeutung genügen; den Theologen und Schriftsteller Heinrich Julius Tode entsetzten die menschenunwürdigen Zustände jedenfalls so sehr, daß er 1777 ein warnendes Gedicht drucken ließ:

Dömitz, oder das Seufzen der Gefangenen

(...)

Da liegt des Schreckens finstre Wohnung
Weit offen, wie das Grab vor mir.
Vergehen findet keine Schonung
und Strafe keinen Aufschub hier.
Wie hallt von den gethürmten Wänden
Das Aechzen tief gefühlter Not!
Das Elend nur nicht zu vollenden,
Verbirgt sich hier und weilt der Tod.

**Erschrocken bebet von der Schwelle
Die zarte Menschlichkeit zurück.
Hier scheinet keine Sonne helle;
Hierher verirrt sich nie das Glück;
Hier tragen Leib und Seele Ketten,
Jedwede Freud' erstickt der Ort;
Nur Hoffnung strebt, sich noch zu retten,
Und nagt am dürren Knochen fort.**
(...) (Brun, Tode, S. 8)

Doch wer spürt heute noch gerne dem Schicksal dieser Unglücklichen nach? Lange schon wird dieses dunkle Kapitel verdrängt von der Festungszeit des Fritz Reuter, die doch so unvergleichlich milder war, als die der Zuchthäusler vor ihm. Thilo Schmidts Gedicht stimmt die Besucher auf den prominenten Häftling ein:

**Festung Däms
(...)
En Tafel an dat Wachgebäud'
Seggt di genau Besched,
Wo „Fritzing" enst, as „Demagog'",
Sin „letztes Johr" – afret!
-Genog, wohen dat Og ok süht,
Grüßt di de olle Tied –
Und singt von Mur'n, Turm un Wall
Di en historisch Lied.
So sünd vergahn säbenhunnert Johr, –
In Ewigkeit verschwund'n –
Doch „Festung Däms", dat „faste Hus",
Blickt stolz noch in de Rund'n.**

Die Reuter-Gedenkhalle und das Museum der Festung, von der Familie Scharnweber in zwei Generationen aufgebaut und vervollständigt, halten die Erinnerung wach an jene Tage zwischen dem Juni 1839 und dem August 1840, in denen der als „Demagoge" zum Tode verurteilte und später zu Festungshaft begnadigte Reuter den Rest der Strafe absaß. In seinem Bericht „Ut mine Festungstid" kommt Dömitz gut weg – und das zu recht, wie Karl Scharnweber nachweist: „Reuter fand eine kleine Garnison vor, ein paar pensionsreife Leutnants und einen siebzigjährigen, schrulligen, aber sehr gutmütigen Kommandanten. Die Güte und die Menschlichkeit des Oberstleutnants von Bülow haben Fritz Reuter sein letztes Festungsjahr sehr erträglich gemacht. Der alte Kommandant hatte der Tante Reuters – Fritz Reuters Onkel war in Dömitz Rektor gewesen – gestattet, ihrem Neffen ein Zimmer behaglich einzurichten. Der Oberstleutnant erlaubte seinem Staatsgefangenen Stadtbesuche und gab ihm die Erlaubnis zum Baden in der Elbe, des Abends lud er ihn regelmäßig zum Schachspiel zu sich in sein Haus. So hätte der Aufenthalt in Dömitz von Fritz Reuter fast als angenehm empfunden werden können, wenn ihm nicht die Freiheit gefehlt hätte" (Scharnweber, Dömitz, S. 4).

Da ist es nur zu verständlich, daß auch die kleine Liebesgeschichte weitererzählt wird, in der es Reuter auf die 18jährige, hübsche Tochter des Kommandanten absah: „Er hatte ihr als Weihnachtsgeschenk ein großes Marzipanherz mit einem Schokoladenpfeil geschenkt. Frieda schien ihm auch geneigt. Das verlieh ihm Mut, ihr eines Tages auf den Knien seine Liebe zu erklären. Hierbei wurden sie ganz unerwartet durch den Vater überrascht. Im hellen Zorn verbat er sich jeden Annäherungsversuch des verliebten jungen Mannes auf seine Tochter" (700 Jahre, S. 42). Das Ergebnis dieses Streites war ein höchst sonderliches Dokument, in dem der Häftling sich gleichsam selbst Liebes-Fesseln anzulegen hatte: „Ich, Endesunterzeichneter, erkläre hiermit, daß die Töchter des Herrn Kommandanten, Oberstleutnant von Bülow, mir von jetzt an alle gleichgültig sind" (Liersch, S. 151) – noch heute nachzulesen in der Reuter-Gedenkhalle neben dem Kommandantenhaus.

Verständlich, daß die Dömitzer angesichts dieser Anekdoten „ihren" Reuter so gut vermarkten, verständlich aber auch, daß Jürgen Borchert in seinem Roman „Reuter in Eisenach" diese Art von Heldenverehrung ein wenig auf die Schippe nimmt. In einer fiktiven Handlung läßt er Reuters Hausarzt Carl Wilhelm Schwabe zusammen mit seinem Freund Flemming in bismarckschen Zeiten Dömitz besuchen, wo schon damals jeder

Gastwirt von der Legende lebte, der angeblich prominente Häftling habe gerade bei ihm sein Bier getrunken. Das jedoch bezweifeln die Freunde Reuters, die ihn als Weintrinker kannten:

„Der Wirt beharrte auf seinem Standpunkt, Reuter habe Bier getrunken. Ich wollte das Gespräch an dieser offensichtlich unbeantwortbaren Frage nicht scheitern lassen und fragte, ob denn die Leute in Dömitz Reuter gekannt hätten. ‚Ja', rief der Wirt, ‚jeder Straßenbengel kannte den berühmten Dichter!' Darauf schien Flemming nur gewartet zu haben, nun hatte er den Prahlhans erwischt und sagte mit sehr gelassener Stimme und leise ironischem Unterton, so als wische er einen unsagbar dummen Einwand vom Tisch: ‚Als Reuter hier auf der Festung saß, da war er noch kein Dichter, Herr Wirt. Da hatte er noch keine einzige Zeile geschrieben und hatte keinen Gedanken daran verschwendet, ein Dichter zu werden!'

Der Wirt war nun offensichtlich verstimmt. ‚Wat halen Se mi denn ut, wenn Se allens beter weiten!'" (Borchert, Reuter, S. 137-138).

Und Ladewig, ein Dömitzer Schiffseigner, assistiert den Gästen:

„Ein Geschäft haben die schlauen Dömitzer sich aus dem Reuter gemacht. Damals haben sie getuschelt und und mit dem Finger gezeigt: Kiek mal, Fieken, dor, de is 'n Pullitschen, de sitt bi Bülow'n in't Kaschott, de is'n Königsmörder, 'n hellschen Gefährlichen! Oder stimmt's nicht? Und heute recken sie die Brust und kriegen einen treuen Blick, wenn von ihm die Rede ist. Noch'n Bier! Prost!" (ebd., S. 139-140).

Die überlieferten Festungakten geben Borchert und seiner Deutung recht, allzu harmonisch ging es – trotz Liebelei ums Töchterchen – nun auch wieder nicht zu, und Reuter, der an Dipsomanie litt, war nicht der edle Leidende in Dulderpose:

„Dömitz 29. Juni 1840. An die Landesregierung zu Schwerin. – Dem im hiesigen Festungsarrest befindlichen Studiosus Reuter hatte ich bei seinem guten Betragen die Erlaubniss ertheilt, zum Mittagessen in die Stadt gehen zu dürfen. Bei dieser Gelegenheit war er mit einem der Speisegäste in Streit gerathen und in der Aufregung soweit gegangen, dass darüber bei mir Beschwerde

geführt wurde und ich mich veranlasst fand, die dem p. Reuter ertheilte Vergünstigung wieder aufzuheben und seine Haft auf die Festung zu beschränken. Die Kommandantur. Der Oberstlieutenant Kommandant von Bülow“ (Bahn, Aktenstücke, S. 53).

Mit Schreiben vom 25. August 1840 wird von Bülow dann mitgeteilt:

“Die Landesregierung an den Festungs-Commandanten zu Dömitz. – Infolge der unter dem 10. d. Ms. von dem Könige von Preussen erlassenen Verordnung wegen Begnadigung der politischer Vergehen halber in Strafe genommenen Individuen sei auf speziellen Befehl des Großherzogs Reuter sogleich seiner Haft zu entlassen“ (ebd., S. 53).

Kurz darauf steht Reuter an der Kreuzung zwischen Alt- und Neu-Kaliß bei Dömitz und weiß nicht, wohin mit seiner wiedergewonnenen Freiheit: „Wat was ick? Wat wüßt ick? Wat kunn ick? – Nicks. – Wat hadd ick mit de Welt tau dauhn? – rein gor nicks“ (Festungstid,S. 240). Und die Entscheidung auf die Frage: „Wecker Weg is de rechte?“ überläßt er seinem Hund Schüten: „Hei lep vöran, un ick folgte“ (ebd., S. 240).

Ein Denkmal erinnert noch heute an diese Stelle, von der aus Fritz Reuter seinen Weg nahm – mit Erfolg, wie wir heute wissen. Zahlreiche Orte und Plätze in Mecklenburg, wie Stavenhagen, Parchim oder Friedland, pflegen das Andenken an den plattdeutschen Dichter (vgl.Hückstädt). Dömitz, das Reuter schon einmal als Junge besucht hatte, sah er nach der Haft nie wieder. Nur die Töchter von Bülows erinnerten sich seiner und fragten 17 Jahre nach der Festungszeit brieflich an, ob der berühmte Dichter und der blasse Sträfling von damals ein und dieselbe Person seien. Reuters Antwort:

„Meine geehrtesten, freundlichen Damen, ja! Der Reuter, der mal mit Ihnen auf dem alten, finstern Karl-Leopold-Schlosse hauste, der sich so oft wunderte, wie so ein alter Rumpelkasten doch so schön freundlich würde, wenn aus seinen halbblinden Fenstern helle Augen und lachende Gesichter schauten, und der Reuter, der jetzt sein Leben mit Schnaken und Schnurren und Dorfgeschichten und Schwänken verskribulieret, ist ein und derselbe“ (Borchert, Zettelkasten, S. 28).

So spiegelt sich in Reuters wechselvollem Leben auch etwas von der Widersprüchlichkeit, die den Ort Dömitz bis heute prägt: Festung zu sein und Verbindung zugleich, Menschen hinter Mauern zu isolieren, das Unglück des Krieges auf sich zu ziehen, und doch Brücken zu schlagen über den Elbstrom, Verbindungsstege für die Menschen aus Nord und Süd. 1934, beim Bau der Straßenbrücke, schrieb der damalige Bürgermeister Reck erwartungsvoll: „Durch die Dömitzer Elbbrücke wird ... über Dömitz als Einfallstor der Fremdenverkehr von Niedersachsen und Westdeutschland, insbesondere nach den Ostseebädern, erheblich gefördert werden" (700 Jahre, S. 52).

1990, nach der Öffnung der Grenzen, ist der Neubau der in den letzten Kriegstagen zerstörten Straßenbrücke beschlossene Sache.

Nun wappne Dich, Festung Dömitz!

i Dömitz, 4000 Einwohner. Hafenstadt an der Elde-Mündung. Fachwerkhäuser in der Innenstadt, Rathaus mit Stutzturm. Einzige erhaltene norddeutsche Flachlandfestung von 1559, im Kommandantenhaus das Heimatmuseum mit dem Pulverkeller, im Turm die Fritz-Reuter-Gedenkhalle. Vom Wall Blick auf die Elbbrücken.

Literatur:

Fritz Reuter, Ut mine Festungstid. In: Fritz Reuters sämtliche Werke. Hrsg. v. C. F. Müller, Leipzig 1905, Band X, S. 3-244

Land und Leute. Hrsg.v. Kulturbund, Kreisleitung Ludwigslust. Sonderheft „Dömitz". Ludwigslust o. J. (ca. 1960)

700 Jahre Festung Dömitz. Sonderdruck der Mecklenburgischen Monatshefte, Rostock 1935

Festung Dömitz. Ein Führer durch das Heimatmuseum Dömitz. o. J.

Hartmut Brun, Bedeutende Dömitzer. In: Schweriner Blätter. Beiträge zur Heimatgeschichte des Bezirkes Schwerin. Heft 9/89, S. 55-58

Jürgen Borchert, Mein mecklenburgischer Zettelkasten. Aufenthalte und Wanderungen. Hinstorff Verlag, 2. Auflage, Rostock 1989

ders., Reuter in Eisenach. Roman. Hinstorff Verlag, Rostock 1986

Axel Kahrs, Wendland literarisch. Göttingen 1985, S. 130-133 (Reuter in Dömitz)

Karl Scharnweber, Dömitz – Festung an der Elbe. In: Land und Leute (s.o.), S. 1-9

Werner Liersch, Dichters Ort. Ein literarischer Reiseführer. Rudolstadt 1985, S.151-152 (Dömitz)

Max Bahn, Aus Aktenstücken zu Reuters Festungszeit. In: Niederdeutsches Jahrbuch. Jahrbuch des Vereins für niederdeutsche Sprachforschung. Jg. 1926, S. 45-55

Arnold Hückstädt, Mecklenburg bei Reuter. Reuter in Mecklenburg. In: Beiträge der Fritz-Reuter-Gesellschaft, Heft 1/89, S. 31-40

Hartmut Brun, Ludwig Kreutzer. Dömitzer Persönlichkeiten aus fünf Jahrhunderten (Folge 4). In: Der Demokrat v. 9.5.1987

ders., Einst ein berühmter Autor. Literarische Merkwürdigkeiten aus Mecklenburg: Thilo Schmidt (1878 - 1946). In: Norddeutscher Leuchtturm vom 14.11.1986

Thilo Schmidt, Festung Däms (Gedicht). In: 700 Jahre, (s.o.), S. 16

Hartmut Brun, Heinrich Julius Tode. In: Merkwürdigkeiten in Mecklenburg. Biographische Skizzen zur regionalen Literaturgeschichte. Rostock 1987, S.7-9, darin auch das Dömitz- Gedicht

ders., Wem Gott will rechte Gunst erweisen ... (Bericht über Gillhoff-Fahrten). In: Studienhefte zur mecklenburgischen Kirchengeschichte, Heft 5/88, S. 2-10

Sigmund von Birken, Werke und Korrespondenz. Band 14: Prosapia/Biographia. Hrsg. v. D. Jörns u. H. Laufhütte. Tübingen 1988, S.42

Hildegard Knef, Der geschenkte Gaul. Bericht aus einem Leben. Wien, München und Zürich 1970, S. 172-174

Auf den Flügeln des Reihers Curian kann die für Menschen unsichtbar gewordene kleine Dott erkennen, daß die Lenzener Wische keine „grüne Insel“ ist, sondern ein fruchtbares Land zwischen Elbe und Löcknitz.

„Du kannst lange suchen, bis du solche fette Weiden wiederfindest!“, brummte die Kuh neben Dott in der Wische. Aber auch Spukgeschichten und Sagen handeln in dieser Landschaft am Fuße des Höhbeck.

Die Lenzener Wische

Eine bilderbuchhafte Märchenlandschaft

Vielleicht liegt es – mit den Worten Jürgen Borcherts – an der „unvergleichlich ebenen Wische“ (Zettelkasten, S. 19), daß die Landschaft zwischen Lenzen und Dömitz, umflossen von Elbe und Löcknitz, auf den Betrachter einen so nachhaltigen Eindruck macht. Die Ebene gibt den Blick frei auf den Höhbeck, der von hier aus mit seinem Steilhang wuchtig wie ein Kegel wirkt; und wer zwischen Seedorf und Breetz an der meandernden Löcknitz Pause macht, empfindet jeden Baum als markanten Punkt in einer Ebene, aus der die Dörfer wie „Inseln im Landmeer“ ragen. Fontane folgte hier auf seinen „Wanderungen“ den Spuren der Quitzows, die auf der nahegelegenen Eldenburg als „Judenklemmer“ ihr wenig höfliches Unwesen trieben; in der Seedorfer Kirchen halten ihre abgeschiedenen Seelen zur Johannisnacht „ihre Familienandacht“ (Fontane, S. 93) – Welt zwischen Historie, Sage und Traum.

Eine märchenhafte Landschaft – das empfand auch die Jugendbuchautorin Tamara Ramsay, die den Ausgangspunkt ihrer 1938 geschriebenen Geschichte „Wunderbare Fahrten und Abenteuer der kleinen Dott“ im Lenzener Raum ansiedelt:

Die kränkliche Dorothea, kurz Dott genannt, darf am Tag der Sonnenwende das Johannisfeuer am Hünengrab des Dorfes Mellen bei Rambow nicht mitansehen, sie soll das Bett hüten. Gegen die Anordnung der Eltern schleicht sie sich aber doch hinaus zur Runde am Lagerfeuer – und wundert sich, daß alle Verwandten und Freunde durch sie hindurchsehen. Der Schäfer Gnilica klärt die verzweifelte Kleine auf:

„Das mußt du nun wissen, kleine Dott, daß dich in dieser Nacht ein wunderbares Schicksal getroffen hat. Es wird dich für lange Zeit überhaupt kein lebender Mensch mehr sehen können. Denn du hast die Blüte der Rennefarne im Schuh und bist nun für alle Menschen unsichtbar geworden“ (Ramsay, Dott, S. 17).

Damit beginnt die abenteuerliche Reise des jungen Mädchens, das nun die Sprache der Tiere versteht, mit Rotmützchen, dem Feuerkobold, umgeht und Zeit und Raum spielend überwinden kann. Cornix, die Nebelkrähe, und Gurian der Reiher leisten ihr Gesellschaft und zeigen Dott die Heimat aus der Sicht der Tiere: nicht immer kommen die Menschen mit ihren radikalen Eingriffen in die Natur dabei gut weg. Dott lernt auch die Lenzener Wische eingehend kennen, und ihr Verzaubertsein ermöglicht es ihr, Gysel van Lyer zu sehen, den holländischen Admiral, der zusammen mit Sachsen und Friesen die Elbdeiche anlegte und in der Mödlicher Kirche lange im Glassarg aufgebahrt war.

Nachdem Dott auf dem Rücken des Reiher Gurian das Fliegen beherrscht, bringt ihr eine Nacht am Elbestrand eine Spuk-Lehrstunde in deutsch-wendischer Geschichte:

„Mitten in der Nacht erwachte die Kleine von einem donnerartigen Getöse, und als sie auffuhr, sah sie ein Wetterleuchten über den Himmel zucken. Die Elbe leuchtete weiß unter fernen Blitzen.

Die Kleine kroch über die aufgehäuften Reisigmatten bis an den Rand des Nestes. Wie sie so aufmerksam hinüberblicke, ertönte ein dritter gewaltiger Donnerschlag, der sie in die Knie warf, und vor ihren Augen barst der Hobuki, der Rabenberg auf der anderen Seite der Elbe, mitten auseinander.

Aus dem Innern des Berges aber wuchs ein Riese empor. Sein langer weißer Bart flatterte im Sturm, seine blauen Augen blickten drohend über den Strom. Über seinem Kopfe schossen Lichtbündel auf, und in seiner Hand reckte er ein Kreuz empor, so wie Thor einst seinen Hammer schwang.

‚All min!' rief er mit furchtbarer Stimme ins Prignitzland.

‚Kaiser Karl der Große!' dachte Dott und duckte sich. Sie wußte aus den Sagen ihrer Heimat sehr wohl, daß der große Kaiser, der auf Hobuki das erste germanische Kastell gegen die Wenden errichtet hatte, noch heute im Rabenberg die Wacht über das christliche Abendland hält.

Plötzlich merkte sie, wie sich hinter ihrem Rücken, im Norden hinter Mödlich, der Himmel erhellte. Mit furchtbarem Krachen zerbarst der Kiebitzberg bei Moor hinter Sterbitz, dem sagenhaften wendischen Friedhof der heiligen Rosse, und aus dem Innern

des Berges schoß ein zweiter Riese hervor, ebenso gewaltig wie die drohende Gestalt jenseits der Elbe.

Sein langes rotes Haar und sein roter Bart waren wirr und verfilzt, und Moosfetzen hingen darin, als sei er soeben aus dem Moor gestiegen. Seine goldene Krone glühte und funkelte beim Aufleuchten der Blitze.

‚Der Wendenkönig!' flüsterte Dott und kroch tiefer in das Reisiggewirr. Ja. Es war alles genauso, wie es in der Sage von Karl dem Großen und dem Wendenkönig beschrieben wurde.

‚Nicht dett!' antwortete der Wende über den Strom und schwang drohend sein Schwert über das Prignitzland.

‚Habe ich die Sarazenen über den Ebro zurückgeschmettert und die Dänen über die Eider, habe ich die Hungari und Sorben besiegt und die Sachsen trotz ihres Bundes mit dir dem christlichen Reiche einverleibt, so wirst du mich auch nicht hindern, das Land jenseits der Elbe dem christlichen Glauben zu gewinnen! Denn höre, du, der du dich Fürst der Wölfe und der Grausamen nennst! Ein gewaltiges abendländisches Reich, von Ebro bis zum Schwarzen Meere, werde ich aufrichten, mit Bistümern und Kirchen, mit Kastellen, Handelsplätzen und Klöstern, und es wird dir nicht erlaubt sein, mein Werk zu zerstören!'

‚Habe ich meine Völker vom Dnjepr hierhergeführt', warf der Wende dem Kaiser wie im Spott zurück, ‚habe ich zweihundert Jahre lang hier im Osten uneingeschränkt geherrscht, so wirst auch du mir nicht einen Fetzen dieses Landes entreißen!'

‚Die Macht der Ungläubigen habe ich gebrochen am Ebro und an der Donau', sprach der Kaiser fest. ‚Den Sichelmond habe ich zerschmettert in Spanien und hinter der Elbe! Du wirst mich nicht hindern, das Kreuz bis in das Herz deiner Länder hineinzutragen!'

‚Den heiligen Krieg der slawischen Stämme werde ich gegen dich ausrufen!' schrie nun der Wendenkönig auf, und die Wölfe zu seinen Füßen heulten und duckten sich zitternd gegen den Boden. ‚Die Wilzen und die Liutizen von der Havel, die Obotriten hinter der Elbe, die Polabrier und Kitziner und die mächtigen Rugianer vom Meere, die Circipaner, Tolenser und Redarier, alle slawischen Stämme werde ich gegen deine Grenzen werfen. Die Sorben und

die Hungari werde ich zu Hilfe rufen! – Denn höre, du, den sie den Großen nennen – du wirst vielleicht deine Zeichen bei uns aufpflanzen – aber zerschmettern, zerschmettern werden wir eure Zeichen!' schloß es mit grollender Stimme, in der es wie das Klirren von Eisenwaffen klang.

Wie fernes Donnergrollen verhallten die Worte, und vor den Augen Dotts zerflossen beide Riesengestalten zu Nebelgewoge, das sich breit über die Elbe und über die Wiesen wälzte und aus dem der Regen niederzurieseln begann.

Ganz durchnäßt erwachte die Kleine. ‚Da ist wohl ein Gewitter vorübergegangen, während ich schlief', dachte sie.

Mit einem Schauder aber erkannte sie in dieser Nacht, welch ein blutiges Ringen hier immer wieder hinüber und herüber gegangen war, seit Kaiser Karl der Große den ersten Versuch gemacht hatte, die Erde östlich der Elbe dem christlichen Abendlande zu gewinnen.“ (Ramsay, Dott, S. 80-82).

Doch das ist nur der Auftakt zu einem Phantasieflug durch die deutsche Geschichte; das Schicksal der Grenzstadt Lenzen wird so spielerisch erfahren, Godeskalk und Mistewoy, aber auch Albrecht der Bär tauchen auf; der Weg führt Dott dann weiter nach Brandenburg, zum Alten Fritz in Potsdam, nach Chorin, Meißen und in den Spreewald. Stationen der Reise sind auch Dresden im Dreißigjährigen Krieg sowie Leipzig zur Messezeit – unvergeßliche Eindrücke der kleinen Dott, ehe sie auf dem schlesischen Gut Lubositz beim Dichter Joseph von Eichendorff aus seinem Munde das Gedicht auf das verstorbene Töchterlein hört:

(...)
Es ist als müßtest leise
du klopfen an die Tür,
du hätt'st dich nur verirret
und kämst nun müd zurück.

„Der alte Herr brauchte nicht weiter zu sprechen. Die Kleine hatte verstanden, und sie warf sich in seine Arme und weinte zum ersten Mal seit langer Zeit an einem menschlichen Herzen (...).

Dann aber trocknete sie die Augen und richtete sich wieder auf: ‚Jetzt weiß ich, was ich will', sagte sie mit fester Stimme. ‚Ich will heimkommen, ob ich erlöst werde oder nicht.'"

Natürlich geht dieser Wunsch in Erfüllung, und in Dotts Heimatort Mellen bei Lenzen ist bald die Welt wieder in Ordnung – im Märchen!

ⓘ siehe Kapitel: Lenzen

Literatur:

Tamara Ramsay, Wunderbare Fahrten und Abenteuer der kleinen Dott. Neubearbeitete Ausgabe von Maria Friedrich. Union Verlag, 2. Auflage, Stuttgart 1985

Jürgen Borchert, Mein mecklenburgischer Zettelkasten. Aufenthalte und Wanderungen. Hinstorff Verlag, 2. Auflage, Rostock 1989

Theodor Fontane, Wanderungen durch die Mark Brandenburg. Band 5: Fünf Schlösser. München 1977, Quitzöwel, Kapitel 14 und 15, S. 85-93

Seetorstraße Nr. 18 in Lenzen (rechts) – Geburtshaus der Elise Lensing. Die zeitweilige Lebensgefährtin Friedrich Hebbels verbrachte hier eine wenig glückliche Jugend.

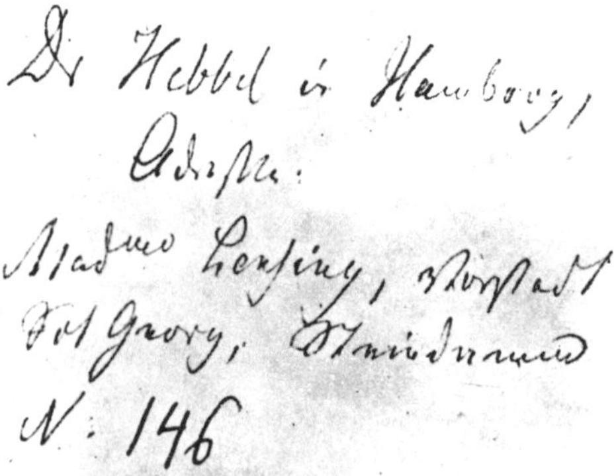

Dr Hebbel in Hamburg,
Adresse:
Madme Lensing, Vorstadt
St Georg, Steindamm
N: 146

1853, ein Jahr vor Elise Lensings Tod, besucht Hebbel mit seiner Frau die ehemalige Geliebte: „Dr. Hebbel in Hamburg. Adresse Madme Lensing, St. Georg, Steindamm N. 146“

Lenzen

Ausgangspunkt eines gescheiterten Lebens

Die Stadt Lenzen gehörte neben Salzwedel, Dömitz und Wittenberge zu den Orten, deren Einzugsbereiche sich tief in das Wendland erstreckten. So brachten schon Anfang der 20er Jahre die auf dem Höhbeck seßhaft gewordenen Wandervögel um Margret und Karl Voelkel ihr begehrtes Obst in die Stadt jenseits des Flusses, wie sie in ihren Lebenserinnerungen berichten:

„Absatzgebiet für die herrlichen Früchte war das Städtchen Lenzen an dem anderen Ufer der Elbe. Das bedeutete: zuerst um 7 Uhr über die Elbe fahren, damit man nicht in die Hitze kam mit den empfindlichen Früchten. Von der Elbe dreiviertel Stunde Fußmarsch bis nach Lenzen, wo sich die Privatkundschaft um die ohne Kunstdünger gezogenen aromatischen Früchte riß“ (Höhbeck, S. 24).

Wer heute mit der Fähre die Elbe überquert, benutzt die alten, seit 500 Jahren beurkundeten Wege; er betritt die Stadt Lenzen von der Brücke über die Seetorstraße, die geradewegs ins Stadtzentrum, zur Kirche und zum Rathaus an der Hauptwache führt. Beim Spaziergang, entlang an den Geschäften wie dem vom Jörg Deutsch: „Eisenwaren-Werkzeuge-Großgeräte-Farben-Lacke-Tapeten“, achtet wohl kaum jemand auf das unscheinbare Haus Seetorstraße Nr. 18; schmutzig-grau verputzt, etwas zurückgesetzt und geduckt, an der Elbseite mit Ziegeln, das Fachwerk verbergend, gegen die Unbillen des Wetters geschützt, die Fenster abweisend wie Schießscharten, wirkt es wenig ansprechend. Gibt es so etwas wie den „genius loci“, eine die Menschen prägende Kraft des Ortes? Wenn ja, dann ist er hier gegenwärtig. Jürgen Borchert, der Schweriner Historiker und Literaturwissenschaftler, hat untersucht, was es mit diesem Gebäude auf sich hat:

„Im Haus Seetorstraße 18 hat zu Beginn des vorigen Jahrhunderts der Chirurgus Lensing gewohnt, zur Miete, das Haus gehörte einer Witwe Ohnesorge. Die war sicherlich nicht begei-

stert von ihrem Mieter, der ein roher, versoffener und infolge des übermäßigen Trunks halbwahnsinniger Kerl war. Chirurgus = Bader, Zahnreißer und Einrenker - ein Beruf, der durchaus körperliche Kräfte und Courage erfordert. Chirurgus Lensing scheint jedoch seine Kräfte eher dazu gebraucht zu haben, beim geringsten Anlaß seine Frau und deren drei Kinder zu verprügeln, so daß diese ihn in ihrer Verzweiflung schließlich für unmündig und unheilbar irrsinnig erklären ließ, was ihr die Scheidung ermöglichte. Chirurgus Lensing verließ das Haus in der Seetorstraße und verschwand aus Lenzen, vielleicht in einem Irrenhaus? Niemand weiß das. Die Geschiedene, ihre Kinder zu ernähren, heiratete erneut. diesmal einen Schiffer, der nicht viel besser war (...). Wir wissen das alles aus dem Tagebuch Friedrich Hebbels und seiner Beschreibung des Lebens seiner Geliebten, Trösterin, Muse, Gebärmaschine, Hemdenflickerin und Dienerin Elise Lensing, der Tochter des Chirurgus, Hebbel schreibt zwar statt Lenzen 'Leezen', das kann ein Hörfehler sein oder auch Ausdruck einer gewissen Uninteressiertheit, vielleicht war's ihm herzlich egal, woher die Frau kam, mit der er schlief. Jedenfalls haben die Biographen infolge ihres Fleißes schließlich herausgefunden, daß es Lenzen heißen muß, und die Eintragung im Lenzener Geburtsregister vom Jahrgang 1804 beweist unter Nummer 81 schwarz auf weiß: 'Maria Dorothea Elisabeth Lensing, morgens 4 Uhr, 14. Oct. 1804, Paten Frau Deutsch, (siehe oben! A.K.) Frau Piest, Frau Klappenbach, Herrr Ohnesorge, Frau Gebhardt.'

Wie kommt Elise Lensing aus dem Hause Seetorstraße 18 in Friedrich Hebbels Bett? Der Weg führt über Breetz bei Lenzen, wo ein Hauptmann (von?) Rohst, Gutspächter dortselbst, die schüchterne Elise, aus welchen Gründen immer zunächst anstellt, dann folgt Magdeburg, wo sie vom Gelde des Breetzer Hauptmannes zur Lehrerin ausgebildet wird. Dann Calbe, wo sie in einer Schule als Handarbeitslehrerin dient. Ihre Mutter zieht inzwischen von Lenzen nach Hamburg, vielleicht um dem Leutegewäsch zu entgehn, vielleicht, weil der Schiffer dort besser verdienen kann. Nebenher vermietet das Paar Zimmer an junge Leute. Einer von ihnen heißt Studiosus Friedrich Hebbel, ein hochfahrender, extra-

vaganter und theatralischer Mensch. Als Elise, inzwischen dreißigjährig, zu ihren Eltern nach Hamburg zieht, lernt sie den acht Jahre jüngeren Dichter kennen, 1835.

In seinem Tagebuch notiert Hebbel am 5. November 1840: 'Welch ein Tag! Gott lasse mich einen zweiten nicht erleben. Heute ... wurde mir mein Sohn geboren. Aber, was hat die arme Mutter ausgehalten! Unmenschlich ... Das Kind kam zehn Minuten nach zwei. Ich bin matt und angegriffen'. (Wohlgemerkt: er war matt und angegriffen.) Am 7. November: 'Der Knabe ist ganz mein Ebenbild: Nase, Kinn, Augen wie ich, sogar langes blondes Haar, außerordentlich stark und groß, kräftig in jeder seiner Bewegungen ...' Max soll er heißen. Während sich Hebbel in Paris aufhält, verläßt Max die Erde wieder am 2. Oktober 1843, nicht einmal drei Jahre alt. Am 22. Mai 1844 kommt das zweite Kind: Ernst. Er teilt das Schicksal seines Bruders und stirbt am 12. Mai 1847.

Inzwischen hat Hebbel geheiratet, natürlich nicht Elise, sondern die Schauspielerin Christine Enghaus in Wien" (Borchert, Mein mecklenburgischer Zettelkasten, S. 14-15).

Damit ist Elise Lensing wieder und endgültig allein; sichtbar gescheitert. Der Rest ihres Lebens ist qualvolle, weil unerfüllte Liebe zu dem Mann, der sie ausnutzte, mißbrauchte, verließ. Am 18. November 1854 stirbt Elise, gerade fünfzig Jahre alt, in Hamburg.

Die Hebbel-Biographen haben ihrem Dichter die menschenunwürdige Behandlung dieser Frau nie ganz verziehen; immer wieder klingt Groll durch, etwa wenn Mathes Rehder über Hebbels „Schutzengel" schreibt: „Ohne Elises stilldduldende Opferbereitschaft hätte er den Klimmzug vom Klippschüler zum Dr. Hebbel kaum geschafft" (Rehder, S. 61). Hayo Matthiesen zitiert genüßlich eine zeitgenössische Beschwerde: „Sie opferte ihm ... ihr ganzes kleines Vermögen, und nun er damit fertig ist, verläßt er sie und sein Kind! Sein Geist ist groß, aber sein Charakter so elend als möglich" (Matthiesen, S. 76). Der schon zitierte Jürgen Borchert leidet mit Elise und überlegt etwas schadenfroh: „Könnte es sie trösten, daß auch Hebbels Stücke von den Bühnen verschwunden sind?" (Borchert, S. 16).

Ein literarisches Denkmal hat Sybille Knauss der Lenzenerin errichtet: Ihr Roman „Ach Elise oder Lieben ist ein einsames Geschäft“ (Hamburg 1981), ausgezeichnet mit dem Preis der Neuen Literarischen Gesellschaft in Hamburg, malt ein sympathisierendes Bild Elises, einfühlsam, parteilich, zornig:

„Altes Mädchen, spätes Mädchen, gutes Mädchen – ach, Elise, es ist dir nicht gelungen, irgend jemanden davon zu überzeugen, daß du eine Frau warst! (...) 1899 hat Christine Hebbel, inzwischen längst Witwe und über 80jährig, ihr ein Grab auf dem Friedhof in Hamburg-Ohlsdorf gekauft. (Grablage I 10/241, A.K.) **Dort liegt sie unter Versen von Friedrich Hebbel begraben. Aber die werden jetzt nicht zitiert. Nein Elise, irgendwo fängt die Verweigerung an“** (Knauss, S. 178-179).

Liest man in Hebbels Werken, etwa seinen Tagebüchern, so fällt einem der weinerlich-klagende Ton unangenehm auf, mit dem der Täter sein Opfer bedauert: **„Elise Lensing (ich schreibe ihren Namen deshalb ganz aus, weil ich mir bewußt bin, ihrer in meinem Tagebuch noch niemals so gedacht zu haben, wie sie es verdient** (Tagebücher, S. 105). **Gott! Sie ist die letzte, die mir die Welt erträglich macht. Und ich hab so viel, so unendlich viel gegen sie gutzumachen** (ebd., S. 110-111). **Elise ist nicht mehr ... Welch ein verworrenes Leben; wie tief mit dem meinigen verflochten, und doch gegen den Willen der Natur und ohne den rechten inneren Bezug“** (ebd., S. 347).

Doch auch wer die Tragödien Hebbels auf der Bühne sieht, wer die großen Frauengestalten Agnes Bernauer, Judith, Maria Magdalene, Genoveva oder Mariamne studiert, merkt, daß Elise Lensing mehr als ein Spielzeug oder nur dienstbarer Geist für Hebbel war – der Bezugspunkt der vom Dichter immer wieder aufgeworfenen Frage nach Tragik und Schuld, Erdulden und Aufbegehren, liegt im unscheinbaren Elternhaus der Elise Lensing in Lenzen. Insofern, lieber Jürgen Borchert, gehen uns auch Hebbels Dramen doch immer noch etwas an: „Dichter wie Hebbel gibt es wenige, aber Männer wie Hebbel sind nicht selten – und Elise Lensings, die sie möglich machen, gibt es immer noch“ (Melchinger).

ⓘ Lenzen, ca. 3 000 Einwohner, Stätte einer schicksalshaften Schlacht im Jahre 929 n. Chr., in der die wendischen Stämme von Heinrich I. vernichtend geschlagen wurden. Großes Diorama dieser Schlacht im Heimatmuseum auf der Burg. Kirche mit sehenswertem Inneren. Rudower See im Landschaftsschutzgebiet.

Literatur:

Friedrich Hebbel, Tagebücher. Hrsgg. von A. Meetz, Stuttgart 1963

Jürgen Borchert, Mein mecklenburgischer Zettelkasten. Aufenthalte und Wanderungen. Hinstorff Verlag, 2. Auflage, Rostock 1989

Hayo Matthiesen, Friedrich Hebbel. Rowohlts Monographien 160, Reinbeck 1970

Mathes Rehder, Norddeutsche Dichterstuben. Ernst-Kabel-Verlag, Hamburg 1986. Darin: Hinterm Dithmarscher Deich: Friedrich Hebbel, Seite 53-73, 177

Sybille Knauss, Ach Elise oder Lieben ist ein einsames Geschäft. Roman. Hoffman und Campe Verlag, Hamburg 1981, zitiert wurde nach der dtv-Ausgabe, München 1984

Christa Melchinger, (Rezension zu S. Knauss) in der FAZ, abgedruckt in: Knauss, s.o., Vorwort

Höhbeck, Lebenserinnerungen der Siedler Karl und Margret Voelkel, Egelsbach 1988

Unter dem strengen Blick ihres Namenspatrons Friedrich Ludwig Jahn besuchen die Kinder im Dörfchen Lanz ihre Schule.

Und auch an der Durchgangsstraße ist wenig von der Jahn-Devise „frisch-fromm-fröhlich-frei“ zu spüren. Etwas verloren wirkt die übermächtige Büste des Vollbartträgers auf dem zu schmal geratenen Sockel inmitten von Betonelementen, die wohl an die Form von Sportgeräten erinnern sollen.

Lanz

„Teutschlands Teutona“ des Friedrich Ludwig Jahn?

An Jahn kommt in Lanz keiner vorbei. Das kleine Dorf zwischen Lenzen und Wittenberge ehrt in mehrfacher Weise seine einzige Berühmtheit, den „Turnvater“ Friedrich Ludwig Jahn:

– für Eilige gibt es das moderne Betongußdenkmal an der Durchgangsstraße 195; etwas verloren steht es auf einer Wiese inmitten dörflicher Kulisse,

– für Eifrige, besonders aber für Schüler der nebenan gelegenen Schule, steht ein 1865 erbautes Denkmal bereit; der Obelisk trägt ein strenges plastisches Relief des Meisters, das dem Betrachter wenig von der Jahn-Devise „frisch-fromm-fröhlich- frei“ vermittelt,

– und für Eingeweihte wurde 1911 am etwas abgelegenen Pfarrhaus (Dorfplatz, Am Ring 3) eine Bronzeplakette mit dem bekannten Porträt Jahns: Glatzkopf mit lockigem Vollbart, angebracht.

Selbstverständlich tragen angesichts dieser Denkmalsdichte auch Schule, Turnhalle, Sportplatz und Hauptstraße den Namen des großen Sohnes, der am 11. August 1778 im Lanzer Pfarrhaus zur Welt kam. Der „Turnvater Jahn“ ist bis heute wohl einer der populärsten und bekanntesten Namen, der, wie etwa „Adam Riese“ oder die „Gebrüder Grimm“, in aller Munde ist.

Doch die wenigsten wissen und einige verschweigen, daß das Leben und Wirken dieses Mannes „bei der Rücksichtlosigkeit und Ungebundenheit seines Auftretens“ (Meyers) nicht ohne bedenkliche Irrtümer und Abwegigkeiten verlief:

Bekannt ist seine neue Methode der Körperertüchtigung, die er nach der Schulausbildung in Salzwedel (vgl. Kapitel Salzwedel) und Berlin auf der Hasenheide erfolgreich ausprobierte. Daß es auch und besonders eine vormilitärische Ausbildung war, die er den jungen Leuten angedeihen ließ, zeigte sich in den Befreiungskriegen 1813/14. Jahn warb damals für das Lützowsche Freikorps, „und von seinen Turnern zog mit ins Feld, wem es nur irgend Alter und Kräfte erlaubten“ (Meyers). Jahn selbst befehligte das 3. Bataillon und nahm an der Göhrde-Schlacht teil. Die relative Erfolglosigkeit der Lützower – Körners „wilde, verwegene Jagd“ wurde als „stille, verlegene Jagd“ verspottet – bildete wohl den Nährboden für Gerüchte, Jahn habe als Soldat wenig Mut gezeigt; ein Vorwurf, der ihn hart traf und zu jahrelangen Auseinandersetzungen führte.

Auch von anderer Seite gab es nach Napoleons Sturz Angriffe. Die Herrscher der Restaurationsepoche sahen Jahns Einfluß auf die Jugend sehr ungern; der Turnvater geriet in den Verdacht, ein „Demagoge“ zu sein. Haft, polizeiliche Aufsichtspflicht und Aufenthaltsbeschränkungen waren die bittere Folgen, bis der Preußenkönig Friedrich Wilhelm IV. Jahn 1840 das ersehnte Eiserne Kreuz verlieh und so seinen Namen rehabilitierte. Im Alter von 70 Jahren zog Jahn dann in das erste freigewählte Parlament Deutschlands, die Paulskirchenversammlung in Frankfurt. Dort schloß er sich der reaktionären Erbkaiserpartei an; nach dem Scheitern der Nationalversammlung spottete Heinrich Heine über Jahns Gesinnungswandel:

Schon sah ich Arndt, den Vater Jahn –
Die Helden aus andern Zeiten
Aus ihren Gräbern wieder nah’n
Und für den Kaiser streiten.

(Heine, Michel)

Doch fragwürdiger als die politischen Irrläufe des Friedrich Ludwig Jahn ist wohl das Gedankengebäude, das hinter diesen Taten steht. Jahns frühe Schriften, wie die „Bereicherung des hochdeutschen Sprachschatzes, versucht im Gebiete der Sinnverwandtschaft“ (Leipzig 1806) wurden noch allgemein anerkannt; sein Versuch, neue Begriffe aus dem Mittelhochdeutschen zu ziehen (wie ’turnen’ von ’Turnier’), ging schon gegen Luthers, Gottscheds und Adelungs Sprachreformen. Hier taucht erstmals ein Germanismus auf, vermischt mit Volkstümelei und Franzosenhaß (wenn einer „seinen Töchtern Französisch lehren läßt, so ist das eben so gut, als wenn er ihnen die Hurerei lehren läßt“), mit dem er auf langanhaltende Ablehnung stieß.

Gerhart Hauptmanns „Festspiel in deutschen Reimen“ von 1913 entlarvt so in Knittelversen die Tumbheit Jahnscher Positionen:

Das stimmt: ich bin der Turnvater Jahn.
Echt grobianisch, echt teutonisch.
Dies sage ich keineswegs ironisch.

Doch auch vor antisemitischem Gedankengut schreckte er nicht zurück, und so verbrannten denn „Jahns Jünger in ihrer christlich-teutonischen Borniertheit“ (Grab, S. 63) auf dem Wartburgfest 1817 die Bücher des jüdischen Saul Ascher, der in seiner Schrift „Germanomanie“ auch vor den von Jahn geförderten „mythologischen Ideen eines kraftvollen Urgermanentums“ (Grab, S. 67) warnte. Der DDR-Schriftsteller Peter Hacks, der eine Zeitlang in Salzwedel lebte und möglicherweise dort Jahn auf die Spur kam, hat in seiner ausführlichen Studie „Ascher gegen Jahn. Ein Freiheitskrieg“ dieses dunkle Kapitel im Leben des Turnvaters aufgearbeitet.

In Lanz ist von all dem nichts zu spüren. Verständlicherweise hält man an einem relativ positiven Bild Jahns fest, die Heimatforschung zitiert gern Lenins Lob: „Fr. L. Jahn, ein Meister in der Erziehung junger Menschen zum Patriotismus, gehörte ... zu den besten Männern Preußens“ (Schmidt, S. 54). Man räumt ein, daß Jahn „in manchen Fragen den Irrungen der damaligen Zeit“ (Schmidt, S. 55) unterlag, ansonsten verleiht der Deutsche Turn- und Sportbund (DTSB) seit 1961 als höchste Auszeichnung die „Friedrich-Ludwig-Jahn-Medaille“, und in Freyburg an der Unstrut, wo Jahn am 15. Oktober 1852 vereinsamt starb, gibt es jährliche Sportfeste zu seinen Ehren.

Und Lanz – hat es die größte Chance seiner Geschichte verpaßt? Möglicherweise, denn Turnvater Jahn schlug, unzufrieden mit der Lage Berlins, einen neuen Platz für die Kapitale vor: „TEUTONA, die Hauptstadt von ganz Deutschland, hätte liegen müssen an der Elbe, in einer schöngezeichneten Gegend. (...) Ungefähr gleich weg von Dresden und Glückstadt“, denn: „Dort war der Sassen Tor ins Wendland!“

Dachte Jahn an die Schlacht bei Lenzen von 929 n.Chr., als der „Sasse“ Heinrich I. ins Land der Wenden drang? Sollte Lanz gar

Teutschlands Teutona werden? Dann stünden die Denkmale zu Recht. Doch gemach, auch Friedrich Ludwig Jahn wußte:

„Wie Wiedervereinigung noch einmal möglich? ist - itzt - schwer zu sagen. Allvater mag's walten!"

🛈 Lanz. Zusammen mit den Ortsteilen Wustrow, Ferbitz u.a. insgesamt 1 200 Einwohner. Dorfkirche, Kriegerdenkmal

Literatur:

Friedrich Ludwig Jahns Werke. Hrsg. v. Carl Euler. 2 Bände, Hof 1884/87

Heinrich Pröhle, Friedrich Ludwig Jahn's Leben. 2. Auflage, Berlin 1872

Meyers Großes Konversations-Lexikon, 6. Auflage, 10. Band, Leipzig und Wien 1908, Stichwort Jahn

Peter Hacks, Die Romantik von Reich und Rasse. Vorabdruck eines Kapitels aus „Ascher gegen Jahn. Ein Freiheitskrieg", angekündigt für 1990 im Aufbau Verlag, Berlin. In: Konkret, Heft 10/1989, Seite 94-98 (dort alle Jahn-Zitate)

Walter Grab/Uwe Friesel, Noch ist Deutschland nicht verloren. Überarbeitete Taschenbuchausgabe, München 1973

Hans Schmidt, Friedrich Ludwig Jahn – Stationen seines Lebens in Salzwedel. In: Altmärkischer Heimatkalender 1982, Seite 53-56

Heinrich Heine, Michel nach dem März. In: Heine, Werke. Hrsg. v. C. Siegrist. Frankfurt 1968, Band 1, Seite 274-275

Gerhart Hauptmann, Breslauer Festspiel in deutschen Reimen. Berlin 1913

Die Treppe des Grabower Rathauses: „Und as wi nah Grabow kemen und vör den Keller führten –“ hier traf Fritz Reuter auf den Transport zur Festung Dömitz seinen Jugendfreund Frank Floercke wieder, der es zum Bürgermeister der kleinen Elbestadt gebracht hatte.

Gegenüber dem Rathaus liegt an der Ecke Marktstraße/Große Wandrahm das Haus, in dem vermutlich die Vorfahren Thomas und Heinrich Manns lebten.

Grabow

Musterstadt mit Ahnengalerie

Es gibt Städte, bei denen man nicht weiß, ob man sie beneiden oder bemitleiden soll – Grabow an der Elde gehört zu ihnen. Die Fernstraße 5 führt zwischen Ludwigslust und Perleberg im großen Bogen um Grabows enge Altstadt herum; man muß schon das Tempo drosseln und sich Zeit nehmen, um abseits aller Schnellstraßen längst vergangener Stadt- und Kulturgeschichte nachspüren zu können. Wer es macht, trifft in puncto Fachwerk auf eine Art „Musterstadt", wie es der Mecklenburger Heimatschriftsteller Edmund Schroeder weiß:

„"Das einheitliche Stadtbild des alten Grabow ist einem schlimmen Schicksalsschlag zu verdanken. 1725 legte auch hier ein Brand die ganze Stadt in Asche. Das einzige Gebäude, das damals Grabow einiges Ansehen nach außen hin gab, ein vieltürmiges Fürstenschloß, brannte bis auf die Grundmauern nieder, und auch von der Kirche blieben nur die kahlen Mauern stehen. Um die meist strohgedeckten Häuser war es kaum schade. Jedes Haus, das an ihre Stelle trat, mußte besser sein. Als der Herzog aber den Stadtvätern mit dem Gedanken kam, eine Art Musterstadt zu bauen, gab es einen harten Kampf. Die Dickköpfe wollten nicht einsehen, daß da etwas zu ihrem und ihrer Stadt Wohl geschehen sollte. Schließlich waren sie aber doch zufrieden, als ihnen Bauholz und Lehm so gut wie umsonst zur Verfügung gestellt wurde. Und dann zeigte es sich, daß man mit bescheidenen Mitteln, die die nächste Umgebung zu bieten hatte, billig und nicht nur gut und dauerhaft, sondern auch hübsch bauen konnte. Die Häuser haben mit der Zähigkeit, die sachgemäß gebautem Fachwerk eigen ist, mehr als zweihundert Jahre überstanden und manchen Um- und Durchbau ertragen. Einige sind noch im Besitz der Familien, deren Ahnherren sie errichteten" (Schroeder, Grabow, S. 80).

Balkeninschriften künden stolz vom Erbauer und Besitzer, und ein Spaziergang durch die Altstadt stellt so manchen vor die Frage: Provinz oder Romantik? Im Zentrum, am Markt, findet sich – sprachlich passend zur „Musterstadt" – das „Paradestück" Grabows, ein zweihundertjähriges Rathaus. Dazu noch einmal Edmund Schroeder:

„Amtsgebäude pflegen der Anmut und der heiteren Schönheit meist scheu aus dem Wege zu gehen. Sie legen es darauf an, durch steife Monumentalität oder dürre Nüchternheit den ihnen mit allerhand Hoffnungen Nahenden den Mut auf den Tiefpunkt sinken zu lassen. Das Grabower Rathaus in seinem lustigen Kleid macht eine Ausnahme. Es lächelt dem freiwilligen oder unfreiwilligen Besucher ein munteres Willkommen entgegen und ist doch nichts als ein alter, allerdings vom schönen schmiedeeisernen Gitter der Vortreppe bis zum abgewalmten Dach und dem gutgelaunten Barockdachreiter handwerksgerechter Fachwerkbau. Wie hübsch die vielscheibigen, weißen Fenster, wie wirkungsvoll die Höhenabstufung der Geschosse, die den Eindruck des leichten, eleganten Emporstrebens so glücklich betont. Humorvolle Würde, offene Menschlichkeit unter feierlicher Amtstracht, ganz, wie der Mecklenburger sagt, ‚as sühst mi woll'. Und wenn man im Frontispiz das lustige Stadtwappen, Mond und Sterne im blauen Feld, entdeckt, dann vergißt man Amt, Behörde und Bürgermeister ganz und gar und summt das alte Laternenlied, das unsere Kinder an lauen Sommerabenden mit Inbrunst singen, vergnügten Sinnes vor sich hin.

Ein Mensch hat an dieses Lied nicht gedacht, als er im Jahre 1839 unter Aufsicht eines preußischen Gendarmenschnurrbarts die gemütliche Treppe hinaufstieg, um auf der Reise von der Berliner Hausvogtei zur Festung Dömitz im Rathaus Quartier zu nehmen. Nicht im Bürgergehorsam, sondern im Ratskeller, der aber nicht im Keller lag, sondern als Gasthaus einen guten Teil des Rathauses in Anspruch nahm: der Festungsgefangene Fritz Reuter. Auf der Treppe stieß er..." (Schroeder, Grabow, S. 79).

Aber das kann Fritz Reuter in seiner „Festungstid" selbst erzählen:

„...un as wi nah Grabow kemen un vör den Keller führten, dat wi de Nacht dorbliwen wullen, dunn säd ‚ne Stimm up de Ramp vör den Hus': ‚Gute Nacht, und morgen wollen wir das Nähere besprechen.' – Un dese Stimm hadd ick vör acht Johr taum letzten

Mal hürt, as sei mit mine tausam Antwurt gaww in dat mündliche Schaulexamen, wo uns de oll Herr Konrekter frog: ‚Wie vielmal ist Konstantinopel erobert worden?' – Un ick kennte dese Stimm in ‚n Düstern wedder, un wer mi dat nich tau glöwen will, de frag den Herrn Hofrath Franz tau Grabow. – ‚Gun Abend, Franz!' rep ick ut den Wagen, ‚täuw noch en beten!' – un as ick nu mit minen Schandoren tau Rum un gegen't Licht kamm, freu'te de olle Knaw sick ordentlich un verget ganz, dat hei Burmeister was und ick Delinquent. ...den Abend wull de Schandor ganz utenanner gahn, as hei hürte, dat de Burmeister sick mit den Vagabunden duzte, un as hei sach, dat hei mit em ‚ne Buddel Win drünk; hei kreg ‚ne slichte Meinung von de mecklenbörgschen Beamten, äwer mitdrinken ded hei doch. – Franzing, weitst woll noch?" (Fritz Reuter, Festungstid, S. 228-229).

Franzing, das war Franz Floercke, Reuters Jugendfreund aus der gemeinsamen Parchimer Gymnasialzeit. 1840 besuchte der aus Dömitz entlassene Sträfling Reuter (vgl. Kapitel: Dömitz) seinen „Flürk" erneut, doch war die Distanz zwischen dem gerade überstandenen Gefängnisalltag und der Grabower Butzenscheibenromantik wohl doch zu groß:

„Franz hadd mit mi sin Schulexamen makt, ... Nu was hei Burmeister in ‚ne lütte hübsche Stadt un hadd sick ‚ne leiwe, fründliche Fru frigt, un von baben bet unnen sach sin Hus ut, as künn hei dor Lewenstid glücklich in wahnen. – Hei hett mi dat woll nich anmarkt, wo mi tau Sinn was – Afgunst was dat bi Gott! nich – äwer mi was so tau Maud, as wir ich mit dreckige Stäweln in ‚ne saubere Stuw ‚rinne treden" (ebd., Seite 241).

Wer heute an Reuters Statt am schmiedeeisernen Gitter der Rathaustreppe steht, hat im gegenüberliegenden Eckhaus Marktstraße/ Große Wandrahm ein weiteres literaturhistorisches Denkmal vor Augen – hier wohnten vermutlich die Vorfahren Heinrichs und Thomas Manns: Die aus Parchim stammenden Brüder Johann und Johann Mann trugen nicht nur die gleichen Vornamen, sondern „zogen auch beide nach Grabow, heirateten dort zwei Schwestern und wurden beide Ratsherren. Nicht zu verwundern also, daß man sie späterhin zuweilen verwechselte." Peter de Mendelssohn, der Biograph des „Zauberers" Thomas

Mann, schreibt dann weiter über die Grabower Ursprünge der wohl umfassendsten und bekanntesten Schriftstellerfamilie Deutschlands:

„Das Städtchen Grabow an der Elde ... hatte seine wirtschaftliche Bedeutung, denn es war der Umschlagplatz für die landwirtschaftlichen Erzeugnisse, vor allem das Getreide der weiteren Umgegend Süd-Mecklenburgs; hier wurde das Korn gemahlen, verhandelt und auf der Elde nach Lüneburg und Hamburg verschifft. Parchim, der nächste Handelsplatz, war im Nachteil, weil es an keiner Wasserstraße lag. So gab es in Grabow einige alteingesessene und wohlhabende Kaufmannsfamilien; eine von ihnen waren die Marnitz – es gibt südlich von Parchim ein Dorf dieses Namens –, die viele Ratsherren und Bürgermeister der Stadt stellten.

Die beiden Brüder Johann Mann waren offenbar nicht vermögend, als sie nach Grabow kamen, aber sie wurden es durch die Marnitz. Johann der Ältere, 1635 geboren, heiratete Elisabeth, die um fünf Jahre jüngere Tochter des Ratsherrn Ebel Marnitz; Johann der Jüngere, 1644 geboren, bekam ihre zehn Jahre jüngere Schwester Anna. Beide scheinen sie tüchtige und geschickte Männer gewesen zu sein. Von Johann Mann dem Älteren braucht nur berichtet zu werden, daß er 1691 zweiter und 1694 erster Bürgermeister von Grabow wurde, sieben Kinder hatte und 1714 starb. Nach seinem Tod zog sein einziger überlebender Sohn Joachim Lorenz zurück nach Parchim, der Geburtsstadt seines Vaters, wo er Stadtsekretär und Ratsherr war. Mit des Lorenz Kindern starb dieser Zweig der Parchimer und Grabower Manns aus. Johann Mann der Jüngere indessen führt uns weiter. Er war seines Zeichens Gewandschneider, so daß man füglich sagen kann: ob aus Nürnberg oder Mecklenburg, Tuchhändler waren Thomas Manns väterliche Vorfahren gewiß.

Johann Mann der Jüngere wurde 1690 Ratsherr von Grabow, aber zum Bürgermeister brachte er es nicht; gleichwohl ist er, wie sein Enkel Joachim Siegmund Mann in seinen Aufzeichnungen von ihm sagt, ‚sich sehr gut gestanden'. Dabei versetzte das Schicksal ihm nicht wenige Schläge. Seine erste Ehefrau, Anna Marnitz, starb ihm bereits 1683; im selben Jahr heiratete er ein

zweites Mal, und zwar Brigitta Catharina Schürer – der Name ist auch als Schürrer, Schorrer und Schüren verzeichnet, bei Thomas Mann taucht sie als Brigitte Schuren wieder auf –, Tochter des Pastors Siegismund Schürer zu Möllenbeck, halbwegs zwischen Grabow und Marnitz gelegen, durch den der traditionelle Vorname Siegismund in die Familie Mann gelangte. Diese Schürers waren keine Mecklenburger; der Möllenbecker Dorfprediger stammte aus Erfurt und war ein Urenkel des Professors der Rechtswissenschaft Dr. Ambrosius Schürer, der 1571 Rektor der Universität Erfurt war. Auch die zweite Frau starb Johann Mann vor der Zeit, und so heiratete er 1697 zum dritten Mal, diesmal die Pastorentochter Anna Margaretha Engel. Insgesamt hatte er fünfzehn Kinder, von denen freilich längst nicht alle am Leben blieben. Endlich, in der großen Grabower Feuersbrunst von 1723, brannte ihm auch sein Haus in der Marktstraße ab. Er baute es aber nicht wieder auf, sondern überließ das Grundstück dem Bürgermeister Martienssen, dem er verschuldet war als Pfand. ‚Es hat Ihm aber doch', schrieb sein Enkel, ‚der Allmächtige Gott biss an sein Ende für sein tägliches brodt gesorget, und Ihm gesättigt mit woll gefallen, und ist im 87 Jahr seines alters sanft und Seelig entschlafen, und aus dieser zeitlichkeit in ein besser wohnung ein gegangen.' Das war im Jahr 1731" (Mendelssohn, Zauberer, S.25-26).

Brigitta Schürers einziger Sohn Siegmund (1687-1772) verläßt nach einem Streit mit seiner Schneiderzunft im Jahre 1711 Grabow und läßt sich in Rostock nieder. Von dort geht es über den Brauer Joachim Siegmund Mann (1728-1799) zum Aeldermann Johann Siegismund Mann (1761-1848) und dessen Sohn Johann Siegmund Mann (1787-1863), der als Lübecker Großvater des Nobelpreisträgers einen Sohn namens Thomas Johann Heinrich Mann (1840-1891) hat: mit dessen Kindern Heinrich (1871-1950) und Thomas (1875-1955) beginnt die illustre Reihe von Dichtern und Künstlerexistenzen, Politliteraten und Abendländern, die nicht nur Kulturgeschichte schrieb; mit ihren Autobiographien und Memoiren haben sich die Katjas und Viktors, die Golos und Klaus facettenreich einer Welt erinnert, die längst die engen Schranken der Grabower Fachwerkidylle durchbrochen hatte.

Gerd Lüpkes Gedicht auf die Eldestadt trägt denn auch ein wenig von der Wehmut eines kleinen Ortes in sich, der von der Erinnerung lebt:

Grabow

Kleine Stadt im flachen Land,
über dem die Wolken schweben;
Hafenplatz am Eldestrand,
ohne Hast, doch voller Leben.

Weiter Markt im Sonnenschein,
Fachwerkhäuser in der Runde –
über Dach und Pflasterstein
schlägt die Rathausuhr die Stunde.

Sommerbrise flüstert sacht,
streicht um Turm und Dach und Gosse,
singt von Hof und Fürstentracht,
Herzog Friedrich und dem Schlosse.

Leineweber, Porterbräu,
Ruch nach Holz am alten Hafen...
Was einst war, belebt sich neu –
und dann geht die Brise schlafen.

Schwere Glocke hoch im Turm
klingt hinaus in ferne Weiten,
läutet Feuer, läutet Sturm –
Krieg und Frieden alter Zeiten.

ⓘ Grabow, ca. 8 000 Einwohner. Gotische Stadtkirche, Altstadt mit zahlreichen Fachwerkhäusern, Rathaus, Heimatmuseum zur Ur- und Stadtgeschichte.

Literatur:

Edmund Schroeder, Grabow. In: ders., Mein Mecklenburger Land. Bild einer deutschen Landschaft. Schwerin 1957. Nachgedruckt in: Merk-Würdigkeiten in Mecklenburg. Biographische Skizzen zur regionalen Literaturgeschichte. Rostock 1987, Seite 79-80

Fritz Reuter, Ut mine Festungstid. In: Fritz Reuters sämtliche Werke, hrsg.v. C.F.Müller, Leipzig 1905, Band 10, Seite 13-244

Peter de Mendelssohn, Der Zauberer. Das Leben des Schriftstellers Thomas Mann. (c) S.Fischer Verlag GmbH, Frankfurt am Main 1975

Gerd Lüpke, Grabow. In: ders., Typisch Mecklenburg. Besinnliches, Heiteres und Nachdenkliches aus dem Lande unter der Seebrise. Ein Lesebuch. Würzburg 1986, Seite 101

Stammbaum der Familie Mann. In: Viktor Mann, Wir waren fünf. Bildnis der Familie Mann. Frankfurt 1976, Seite 424-425

Johannes Gillhoff (1861–1930) blieb sein Leben lang der „griesen Gegend“ um Ludwigslust verbunden – hier schrieb er seinen „Jürnjakob Swehn“, hier gab er die „Mecklenburgischen Monatshefte“ heraus, und hier – in Ludwigslust – liegt er auch begraben.

Prinzessin Caroline Louise von Sachsen-Weimar, spätere Erbgroßherzogin von Mecklenburg-Schwerin (18. 7. 1786–20. 1. 1816), Tochter des Weimarer Großherzogs und Goethe-Freundes Karl August von Sachsen-Weimar. Sie empfand Ludwigslust, in das sie 1810 kam, als „Heerlager“, die Kontakte zu Goethe und Wieland rissen nie ab.

Ludwigslust

Von Goethe bis Gillhoff

Es ist schon eigenartig, dieses Dorf Klenow mitten in der „ griesen Gegend“. Die mecklenburgischen Herzöge, die es von 1764 bis 1837 zur Residenz machten, benannten es um in „Ludwigslust“ – von der Bevölkerung respektlos-liebevoll auf „Lulu“ verkürzt –, und die zahlreichen Reiseführer, Ortsbeschreibungen und Stadtprospekte preisen die bestaunenswerten Kuriositäten dieses Städtchens vom Reißbrett.

Man hat dabei die Wahl zwischen den abseits von der Kirche am Friedhof stehenden Glockentürmen, die den ägyptischen Luxor-Tempel zum Vorbild nehmen, und der Kirche selbst, die „in ihrer Erscheinung ein für unsere Landschaft außergewöhnlicher Bau“ ist (Wanderheft 8, S. 44). Das gilt sowohl für die architektonische Gestaltung als auch für das 875 Quadratmeter große Altargemälde, das Löcher hat, „die den Sternenhimmel vortäuschen, wenn dahinter Kerzen angezündet werden“ (Knobloch, S. 198).

Gegenüber, in der Verlängerung der Kirchenachse, zeigen sich die Kapriolen der weltlichen Herrscher: am Sandsteinschloß der Herzöge finden sich auf der Attika vierzig allegorische Figuren des Bildhauers Kapplunger. Wer es geschafft hat, die Sinnbilder für Festungs- und Kräuterkunst, für Algebra und Hydraulik zu entschlüsseln, der kann auf Rekordjagd gehen: „Ludwigslust ist der einzige Platz in der Welt, wo die ‚Hydrostatik', die ‚Trigonometrie' und vier weitere Lehren ihre allegorische Figur haben“ (Knobloch, S. 199).

Empfehlenswerter aber ist ein Besuch im Schloß, dessen Glanz und Pracht vornehmlich in der geschickten Anbringung von vergoldetem Pappmache besteht - hergestellt in der ‚Carton Fabrique' zu Ludwigslust (heutiges Rathaus), die in alle Welt den begehrten Pseudo-Luxus lieferte.

Hier wirkt alles ein wenig verkrampft und gekünstelt, geprägt von der herzoglichen Sucht nach Originalität. Man wollte mithalten mit den etablierten, gewachsenen Höfen, sich einen Namen machen. Doch zu einer Residenz gehört mehr als der von Jürgen Borchert festgehaltene

„Wasserkopf sondergleichen mit adligem Chef und bürgerlichem Rattenschwanz, Cavaliere, Secretaire, Kammerdiener, Bereiter, Hausinspektoren und Hausaufseher, Castellan, Kaffeeschenk, Leibjäger, Lakaien..." (Borchert, S. 50). Und so nimmt es denn kein Wunder, daß eine junge Dame von 24 Jahren, ausersehen, in Ludwigslust die erste (weibliche) Rolle zu spielen, im Jahre 1810 etwas gelangweilt an ihre Freundin schreibt:

„Es ist hier ganz das Leben eines Hoflagers,... das tätige, selbständige Treiben und Leben einer Stadt, was eigentlich einer jeden etwas Republikanisches gibt, fehlt" (Borchardt, S. 63). Und ihre Hofdame assistiert: „Die Mecklenburger Hofherren taugen eben auch nicht viel,... und wenn ich die schönen Güter sehe, so freue ich mich, aber ihre geistlosen Besitzer sind of schrecklich" (ebd., S. 63).

Die Enttäuschung wird verständlich, wenn man die Herkunft der Briefeschreiber kennt: es handelt sich um Caroline Louise, die Tochter des Weimarer Herzogs Carl August, und ihre Begleiterin Henriette von Knebel; die Adressatin der Post ist Charlotte von Schiller. Die Heirat mit dem Erbprinzen Friedrich Ludwig von Mecklenburg-Schwerin hatte Caroline 1810 vom heiter-geselligen Musenhof Weimars in die spröde Welt der Ludwigsluster Adelsgesellschaft geführt.

Für die junge Frau muß der Abschied schmerzhaft gewesen sein. Sie ist „eine hochgebildete, für moderne Literatur, Kunst und Philosophie aufgeschlossene und politisch wache Frau, von Herder unterrichtet, durch Henriette von Knebel, der Schwester von Goethes ‚Urfreund' Karl Ludwig von Knebel, erzogen" (ebd., S. 62). Goethe hatte ihr drei Jahre vor der Hochzeit und dem Umzug ein „Reise-, Zerstreuungs- und Trost-Büchlein" geschenkt, versehen mit Zeichnungen von ihm, für die er sich im Widmungsgedicht galant entschuldigt:

So steht dein Bild auch klar und glatt
In unserm Herzen auf jedem Blatt.
Und Liebe bleibt zu unserm Gewinn
Ein bessrer Zeichner als ich bin.

(Goethe, Widmung, S. 235)

Caroline hat dem Weimarer Dichterfürst auf ihre Weise gedankt: „Am Ludwigsluster Hof nun versammelt sich um sie ein kleiner Kreis von Gleichgesinnten, in dem die neuesten Werke Goethes und anderer gelesen und besprochen werden. Durch Karoline und die sie begleitende Henriette von Knebel entsteht ein intensiver Kontakt mit Goethe, Wieland, Charlotte von Schiller, Knebel u.a. Wo sich ein poetisches Talent zeigt, . . . wird es durch diese Verbindung gefördert. Der Kreis am Ludwigsluster Hof bildet neben dem Theater gewissermaßen einen zweiten ‚Punkt', von dem aus Goethes Werk in Mecklenburg zu wirken beginnt und über den der Dichter persönlich bildend Einfluß gewinnt" (Borchardt, S. 62).

Zahlreiche Geschenksendungen Goethes, der 1810 in Teplitz auch den Herzog kennenlernt, belegen diese Korrespondenz; im Mai 1811 geht so ein Velin-Exemplar der Hackertischen Biographie an „die Erbprinzeß von Mecklenburg. NB. letzeres wird wohl eingepackt auf der fahrenden Post nach Ludwigslust adressirt" (Goethe, Brief, S.391).

Der frühe Tod Carolines – sie stirbt am 20. Januar 1816 – traf denn auch Goethe. In der Trauerloge „An dem öden Strand des Lebens" gedenkt er der Tochter seines Herzogs und Freundes:

Unter schon verloschenen Siegeln
Tausend Väter hingestreckt,
Ach! von neuen frischen Hügel
Freund an Freunden überdeckt.

(Goethe, Trauerloge, S. 65)

Im Schloßpark hinter dem ehemaligen Marstall steht – etwas abseits – das Helenen-Paulownen-Mausoleum mit dem Grab Carolines: Gedenkstätte eines kurzen, unerfüllten Lebens.

Gut zwanzig Jahre nach dem Tod Carolines wird der Hof wieder nach Schwerin verlegt; die künstliche Metropole versinkt in den Schlummer eines Provinzstädtchens.

Ludwid Reinhard, Dichter und Demokrat, hat vor seiner Boizenburger Zeit (vgl. Kapitel Boizenburg) hier unterrichtet – und die Ludwigsluster Gesellschaft unter die Lupe genommen:

„Ludwigslust liegt mitten im Sande und ist ein Flecken mit Marktgerechtigkeit, eine Pfeife Tobak von Grabow und einen Hundeblaff von Techentin, hat 600 und einige 20 Häuser, ohne die Schilderhäuser, und ungefähr 4000 Einwohner. Trotz der nicht aufgelösten Janitscharen geht es doch niedlich und friedlich zu, und alle Motionen sind nicht politischer, sondern diätetischer Art. Die Einwohner sind mit den trefflichsten Anlagen versehen, man vergleiche den Englischen Garten. In den Ehen ist die Leibeigenschaft noch nicht aufgehoben. Metall führt man hier teils auf der Brust, teils in den Kehlen, teils in den Taschen. Wenn ‚ingenium' herkommt von ‚gignere', so hat der Ort viele Genies; denn die hiesigen Produkte bestehen meist in Kindern. Ein Hauptzweig der Industrie ist Kabale schmieden" (Borchert, je dunkler..., S. 15).

Aber wenn auch die gekrönten Häupter ‚Lulu' 1837 verließen: ein Vierteljahrhundert später schon wurde im nahen Glaisin jener Mann geboren, der seit 1924 mit den „Mecklenburgischen Monatsheften" in Ludwigslust sein „krönendes Lebenswerk" (Brun, Gillhoff, S. 377) vollenden sollte: Johannes Gillhoff.

Der pensionierte Lehrer engagierte sich über Jahre hinweg für dieses Zeitschriftenprojekt, dessen erstes Heft im Januar 1925 im Heimatverlag der Hinstorff'schen Hofbuchhandlung Ludwigslust erschien. Der Dömitzer Hartmut Brun, seit Jahren umsichtiger Betreuer und Herausgeber der Werke Gillhoffs, würdigt die Leistung, die hinter den „Mecklenburgischen Monatsheften" steckt:

„Von Anbeginn war Gillhoff bemüht, für seine Zeitschrift namhafte Wissenschaftler, Laienforscher, Schriftsteller und bildende Künstler Mecklenburgs als Mitarbeiter zu verpflichten... Johannes Gillhoff war ein sehr unbequemer Schriftleiter und Herausgeber. Er verlangte sich selbst sehr viel ab, erwartete dasselbe aber auch von seinen Mitarbeitern(...) Diese hohen Maßstäbe, die Johannes Gillhoff zugrunde legte, haben der Zeitschrift nicht geschadet, sondern sich vielmehr positiv auf Inhalt und Gestaltung der Monatshefte ausgewirkt" (Brun, Gillhoff, S. 375).

Der Herausgeber und Chefredakteur ließ neue Begabungen zu Wort kommen und machte seine Zeitschrift zugleich zu einem Forum der Beschäftigung mit Ernst Barlach: „beseelt von einem zutiefst humanistischen Gedanken" (Brun, Gillhoff, S. 375).

Im Eckhaus an der Ludwigsluster Schloßstraße 51 befand sich im ersten Stock die Wohnung Gillhoffs, im Erdgeschoß lag die Redaktion; hier arbeitete er bis zu seiner Erkrankung 1928. Auf dem Friedhof an der Clara-Zetkin-Straße liegt er begraben, längst ist seine Ruhestätte zum schützenswerten Denkmal erklärt worden. Die Grabinschrift: „Hier ruht in Gott JOHANNES GILLHOFF Seminar-Oberlehrer i. R." verrät nichts von seiner Bedeutung für Mecklenburgs Heimatkunde und Landeskultur.

Manches blieb Gillhoff erspart: „Keiner soll mich einen Zyniker nennen, wenn ich jetzt sage: Eigentlich gut, daß er 1930 gestorben ist. So hat er wenigstens nicht erleben müssen, was die Nazis aus seinen ‚Mecklenburgischen Monatsheften' gemacht haben. Es genügt vollkommen, wenn man sich bis zum Jahrgang 1935 durch die Hefte quält; was danach kommt, ist schließlich völlig ungenießbar" (Borchert, Zettelkasten, S. 64).

Doch viele Menschen, die mit dem Namen Gillhoff etwas anfangen können, denken neben seinen volkskundlichen Arbeiten, den „Volksrätseln" und den „Bildern aus dem Dorfleben" vornehmlich an ein anderes Werk, das den Autor schlagartig weit über die Landesgrenzen hinaus berühmt machte: „Jürnjakob Swehn, der Amerikafahrer".

Wer dieser Spur folgen will, muß einen Abstecher ins südwestlich von Ludwigslust gelegene Dorf Glaisin unternehmen: Hier, im Geburtsort Gillhoffs, haben sie ihm an der Hauptstraße vor dem Schulkaten, der 1866 durch eine Neubau ersetzt wurde, ein Denkmal gesetzt – „unser Heimatdichter", so meißelten die Glaisiner voller Stolz ihren Besitzanspruch auf den 1961 aufgestellten Findling. Und sie haben recht – er gehört zu ihnen wie der Vater Gottlieb Gillhoff, der fast 54 Jahre in Glaisin unterrichtete, nach dem Vorbild des Großvaters! Doch so sehr diese Tradition des Dorfschulmeisters im Sinne Jean Pauls uns auch ansprechen mag, ein Idyll war Glaisin im vorigen Jahrhundert nicht.

Wirtschaftliche Not und elende Verhältnisse trieben viele Menschen weg von ihrer Heimat, ließen sie „in der neuen Welt" einen neuen Anfang suchen. Gottlieb Gillhoff hat das alles hautnah miterleben müssen, wie sein Sohn später berichtet:

„Auf der südwestmecklenburgischen Heide liegt ein stilles Bauerndorf, das seine wendische Hufeisenform nach Westen öffnet.

Seine dunklen Strohdächer senken sich tief hernieder; warm und weich umhüllen sie Menschenleid und -freud.

Vor dem festgefügten Hufeisen hängt ein alter Strohkaten müde und halb versackt in seinen Pfosten und Riegeln. Für hochmütige Menschen ist da kein Raum, weil die Stubendecke zu niedrig ist. So sagt Jürnjakob Swehn, und er muß es wissen, denn er ist in dem alten Tagelöhnerkaten aufgewachsen. Aber nicht darin geblieben. Das Streben nach eigen Hüsung und eigen Land trieb ihn fort wie so viele.

In harter Arbeit wahrten sie doch den Zusammenhang mit der Heimat, und regelmäßig zu Weihnachten flogen ihre Briefe dem Lehrer ins Haus. Der las sie den Angehörigen vor, denn das Lesen der amerikanischen Briefe war auch eine Kunst. Die meisten kamen nicht hinaus über nüchterne Aufzählung der Wirtschaftserträge, der Geschehnisse in der Familie und bei Verwandten oder Bekannten. Aber aus den unbeholfen gestellten Worten sprach rührend-treuer Sinn und aus den kargen Sätzen viel Herzensdank gegen den Mann, der der Jugend Lehrer und den Erwachsenen in allen Nöten des Leibes und der Seele ein treuer Berater war“ (Gillhoff, Jürnjakob Swehn, S. 199).

Für die Tatsache, daß sein Vater als Lehrer auch noch die Antwortbriefe für andere schreiben mußte, hat der Sohn als Erklärung einen wahrhaft einleuchtenden Dialog parat:

„Ick mücht Sei woll bidden, minen Unkel in Amerika en Breif räwer tau schrieben.“ – „Wat sall ick em denn schrieben?“ – „Ja, dat weiten Sei jo ebenso gaud as ick.“ – „Schön, denn kumm man Sünnabend abend wedder her; denn will ick di den Breif vörlesen“ (ebd., S. 199).

Mit den gesammelten Briefen eines dieser Auswanderer verfügte Johann Gillhoff über das Material, das er dann zum 1917 erschienenen Briefroman „Jürnjakob Swehn, der Amerikafahrer“ verarbeitete. Die Auflage liegt heute bei circa einer Million, so sehr überzeugt – trotz Anglophobie im Schlußteil – die literarische Leistung eines Schriftstellers, der volkstümlich und anspruchsvoll zugleich schrieb.

Übrigens, die Reisekarte hatte sich der Auswanderer Swehn bei Kaufmann Danckert in Ludwigslust besorgt: „Sie kostete bis New York 29 Taler, und einen hab ich ihn runtergehandelt“ (ebd., S.202).

Wer Ludwigslust verläßt, hat vielleicht die Zeilen der Gertrud von le Fort im Kopf, die sich in ihrem Spätwerk an die Residenz erinnert – einige Zeit hat sie, bedingt durch den Offiziersberuf des Vaters, hier gelebt. Es sind verklärte Bilder, die „auf Verinnerlichung der als verloren erfahrenen heimatlichen Welt“(Krüger, S. 94) deuten. Aus dem ersten Kapitel der Novelle „Das fremde Kind“ (1961):

„Wo immer ich auch bin, sooft mich der zärtliche Duft einer blühenden Linde umschmeichelt oder das selige Summen wolkenhafter Bienenschwärme mir leise brausend im Ohr liegt, steigt das Bild meiner versunkenen Heimat so betörend nah vor mir auf, als hätte ich nie von ihr Abschied genommen. Ich sehe wieder die kleine verschlafene Sommerresidenz mit dem stillen weißen Schloß ... Ob sie wohl noch stehen, all die freundlichen Backsteinhäuser mit den roten Ziegeldächern, über denen die langen Lindenreihen, welche alle Straßen säumten, ein zweites Dach, ein hoch erhobenes, aus Laub und Schatten aufgebaut hatten? (...)

Und ob wohl auf den trägen Fluten des Kanals immer noch die feinen Spitzenschleier der blühenden Wasserpflanzen schimmern und über die leichtgewölbten Brücken dieses Kanals die alten vornehmen Damen schwebenden Schrittes hinüberwechseln in ihre noch viel älteren Gärten mit den verwachsenen Flieder- und Rotdorngebüschen und den zierlichen Pavillons, in denen sie ihre behaglichen Teestunden feierten? Und ob wohl gegenüber dem weiten stillen Schloßplatz der strömende Niederfall der Kaskaden immer noch mit seiner großen Wasserschleppe gleichsam den Hofknicks vor der einstigen Residenz macht?“ (le Fort, S. 5-6).

ⓘ Ludwigslust, 14000 Einwohner. Ehemalige Residenz. Schloßbau von 1772-76 mit zweigeschossigem ‚goldenen Saal‘, Stadtkirche von 1765-1770, Schloßpark von Lenné mit Mausoleen und Wasserkunst.

Literatur:

Goethe, Widmung an Prinzessin Karoline von Weimar. Weimar, den 17. Januar 1807. In : Goethe, Weimarer Ausgabe, Weimar 1891, I. Abteilung, 4. Band, Seite 233-235

ders., Trauerloge. Der unvergeßlichen Prinzessin Caroline von Weimar Eisenach vermählten Erbprinzessin von Mecklenburg- Schwerin gewidmet 1816. In: Goethe, Weimarer Ausgabe. Weimar 1890, I. Abteilung, 3. Band, Seite 65

ders., Brief vom Mai 1811 an Christian August Vulpius. In: Goethe, Weimarer Ausgabe, Weimar 1901, IV. Abteilung, 22. Band, Seite 391

Jürgen Borchardt, Goethe und Schiller. Kontakte mit Mecklenburg(ern). In: Kiek in. Mecklenburgische Beiträge zum Literaturerbe. Aus der Goethezeit. Schwerin 1989, Seite 61-6

Jürgen Borchert, Mein mecklenburgischer Zettelkasten. Hinstorff Verlag, Rostock, 2. Auflage 1989, Seite 44-70

Johannes Gillhoff, Ein Lesebuch. Hrsg.v. Hartmut Brun. Hinstorff Verlag, Rostock 1988. Darin u.a.:

ders., Jürnjakob Swehn, der Amerikafahrer. Seite 199-351 (Textauswahl); eine westdeutsche vollständige Ausgabe erschien im dtv-Verlag, München; als gebundene Ausgabe zusammen mit dem Roman „Möne Markow, der neue Amerikafahrer“ im Hesse u. Becker Verlag, Dreieich 1987

Hartmut Brun, Wem Gott will rechte Gunst erweisen, den schickt er in die weite Welt. (Zu den Reisen Gillhoffs). In: Studienhefte zur mecklenburgischen Kirchengeschichte 5/1988, Seite 2-10

Werner Schnoor, Johannes Gillhoff, Ein Lesebuch. (Rezension). In: Studienhefte zur mecklenburgischen Kirchengeschichte, Heft 5/1988, Seite 11-12

Jürgen Borchert, Je dunkler der Ort... Ein Ludwig-Reinhard-Roman, 3. Auflage,Hinstorff Verlag, Rostock 1987

Gertrud von le Fort, Das fremde Kind. Novelle. Union Verlag, Berlin 1987, Nachwort v. Renate Krüger, S. 94-103

Heinz Knobloch, Lustiges Ludwigslust. In: Mecklenburg. Ein Reiseverführer. Hrsg.v. G. Zschocke und G. Drommer. Rudolstadt, Greifenverlag, 2. Auflage 1988, Seite 197-203

Marlies Menge, Mecklenburg. Reisebilder aus der DDR. Köln 1989, Seite 24-26

Wanderheft 8. Neustadt-Glewe. Ludwigslust-Grabow. Berlin und Leipzig, 3. Auflage 1987, Seite 38-49

In Wöbbelin wurde Karl Theodor Körner mit 21 Jahren begraben. Das Denkmal erinnert auch an seine berühmte Liedersammlung „Mit Leier und Schwert“.

Wöbbelin

Theodor Körner – ein „Bräutigam des Todes"

Der Sportpalast tobte. Fast dreißigtausend Zuhörer im überfüllten Saal wollten, von ihrem Redner mitgerissen, den „totalen Krieg" – am 18. Februar 1943, vierzehn Tage nach der vernichtenden Niederlage von Stalingrad, gipfelte Goebbels schaurigstes Meisterstück, die „Sportpalastrede", in den Worten: **„Wenn wir je treu und unverbrüchlich an den Sieg geglaubt haben, dann in dieser Stunde der nationalen Besinnung und der inneren Aufrichtung. Wir sehen ihn greifbar nahe vor uns liegen, – wir müssen nur zufassen! Wir müssen nur die Entschlußkraft aufbringen, alles seinem Dienste unterzuordnen; das ist das Gebot der Stunde! Und darum lautet von jetzt ab die Parole: Nun Volk, steh auf – und Sturm, brich los! (Stürmische Heilrufe und Beifall, Rufe: Unser Gauleiter – Sieg Heil! Sieg Heil! Sieg Heil! Heilrufe, das Deutschlandlied wird intoniert)"** (Meurer, S. 74).

Wieviele der Zuhörer mögen damals wohl gewußt haben, daß der Propagandaminister mit seinem Schlußsatz schamlos einen Dichter zitierte und mißbrauchte, der in den Freiheitskriegen den frühen Tod fand: „Männer und Buben" heißt das mit seinen Anfangszeilen angeführte Gedicht des Dresdners Karl Theodor Körner, der, am Beginn einer künstlerischen Karriere stehend, das Kriegshandwerk ergriff.

Mit zwanzig Jahren hatte er schon erfolgreiche Theaterstücke geschrieben, war bekannt mit Arndt und Humboldt, Jahn, Schlegel und Eichendorff. Die Befreiungsbewegung gegen die napoleonische Herrschaft führte ihn im März 1813 ins Lützowsche Freikorps, für das er patriotische Kampflieder schrieb. „Lützows wilde, verwegene Jagd" wurde sein bekanntestes Werk; die Wendländer pflegen die Erinnerung an sein „Bundeslied vor der Schlacht", dessen erste Fassung in Dannenberg entstand (Kahrs, S. 33ff).

Der Goebbelsche Mißbrauch dieser Lieder lag zum Teil in den Texten selbst; wer heute, nach zwei Weltkriegen und dem darauf folgenden

Rüstungswahn, Körners Gedicht liest, dem bereitet das Vokabular doch einiges Unbehagen. Zu sehr wird der französische Feind als Bluthund, Räuberbraut und frevelnd-fremder Knecht geschmäht, freigegeben zur Hatz im heiligen Krieg, im Kreuzzug für das hehre Vaterland, unter dessen deutschen Eichen deutsche Brüder nicht nur ewige Schwüre schworen:

Die Ehre ist der Hochzeitsgast,
Das Vaterland die Braut;
Wer sie nicht brünstiglich umfaßt,
Den hat der Tod getraut.

(Körner, Reiterlied)

Ein wenig von diesem Geist vermittelt auch das Theodor-Körner-Denkmal im Dörfchen Wöbbelin (an der F 106), wo der Dichter nach seinem Tod im Gefecht bei Gadebusch vom 26. August 1813 beerdigt wurde: Der schöne Park neben dem Friedhof und der Gemeindekirche bietet mit seinen alten Baumbeständen ein würdiges Umfeld für das schwere, gußeiserne Denkmal. Auf klassisch-strengem Sockel künden goldfarbene Lettern vom Tode Körners und der Trauer seiner Kameraden. Gekrönt wird das Ganze durch eine an ein Schwert gelehnte Leier, bildnerisches Zitat der Gedichtsammlung Körners, die unter dem Titel „Leyer und Schwerth" (1814) die Verbindung von Kampf und Gewalt mit Poesie und Gefühl zu erreichen suchte – es bleibt ein schaler Nachgeschmack.

Hier nun fand Körner die letze Ruhe. Ulrich Völkel, sein Biograph, schildert romanhaft die Beerdigung:

„Wöbbelin ist ein kleiner Ort unweit von Ludwigslust an der Straße nach Schwerin. Als sie vor wenigen Tagen hier durchgekommen waren, hatten sie haltgemacht und sich ausgeruht. Theodor saß unter einer Eiche, Karl Mordechai neben ihm.

Abend wird's, des Tages Stimmen schweigen,
Röter strahlt der Sonne letztes Glühn;
Und hier sitz' ich unter euren Zweigen,
Und das Herz ist mir so voll, so kühn.
Alter Zeiten alte, treue Zeugen,
Schmückt euch doch des Lebens frisches Grün,
Und der Vorwelt kräftige Gestalten
Sind uns noch in eurer Pracht erhalten.
(...)
Deutsches Volk, du herrlichstes von allen,
Deine Eichen stehn, du bist gefallen.

Melancholie erfaßte die Zuhörer. Wann wird man solche Verse wieder schreiben dürfen, in denen kein Wort von Rache und Blut und Krieg und Feindschaft steht? Wann wird das Vaterland frei sein von fremder Herrschaft und einig und stark? Und gut?

Karl Mordechai hatte Theodor mit anderen Augen sehen gelernt, seit er selber einsichtiger geworden war. Ein Dichter steckte gewiß in ihm, potz Blitz, wenn er nur die hohen Töne ließe. Und er hatte anzüglich gesagt: ‚Das ist nicht die erste Eiche, unter der wir sitzen, was?'

Im Schatten dieses Baumes wollten sie ihn begraben. Die anderen Gefallenen, unter ihnen auch Graf Hardenberg, sollten ihm zur Seite gebettet werden. Die Sieger waren mit ihrer Beute und den Gefangenen und ihren Toten über das Gut Lützow südwärts bis Welzin gezogen. Von dort wollte der Major zu neuen Streifzügen nach Westen aufbrechen. Unter dem Schutz einiger Husaren waren die Wagen nach Wöbbelin gefahren worden, wo sich die Infanterie befand. Als sie gegen Abend eintrafen, wurden sie mit großem Lärm begrüßt, der aber schnell stummem Erschrecken Platz machte, als sie sahen, welchen Preis die Eroberung gefordert hatte.

Im Katen des Holzwärters von Wöbbelin wurden die Gefallenen aufgebahrt. Körner legten die Kameraden auf einen Tisch, den sie mit Eichenlaub schmückten.Es war keiner im Lager, den die Nachricht von seinem Tod nicht betroffen gemacht hätte. Sie kamen, einzeln oder in kleinen Gruppen – der Schmerz stand allen im Gesicht –, um von ihm Abschied zu nehmen. Die schämten sich ihrer Tränen nicht, wenn sie vor dem toten Dichter standen, dessen Lieder sie mit Begeisterung gesungen hatten und der ein Kerl war, wie man ihn nicht alle Tage findet.

Zwei Schreiner aus jener Kompanie, in der Theodor früher als Flügelmann marschiert war, zimmerten ihm einen einfachen Sarg. Horn ging ihnen zur Hand. Olivier zeichnete den Toten. Unter einer mächtigen Eiche wurde das Grab ausgehoben. Bei gedämpftem Trommelschlag näherte sich der Trauerzug. Nur die notwendigsten Wachen waren auf ihrem Posten geblieben. Unter den Trauernden befand sich auch General Wallmoden mit seinem Stab.

Der Sarg wurde langsam ins Grab gesenkt. Sie beteten. ‚Hör uns, Allmächtiger.' Die Nähe des Feindes verbot, eine letzte Salve über das Grab zu schießen. Beerenhorst stimmte das Lied an, ihr Lied, das Theodor gedichtet hatte, einer von ihnen. ‚Das ist Lützows wilde, verwegene Jagd.' Sie sangen es mit brüchiger Stimme. Warum ausgerechnet er? Jeder zweite muß verloren sein. Aber warum er?

Und plötzlich im gestreckten Galopp kamen die Kosaken heran. Sie hatten erfahren, wer in Wöbbelin begraben werden sollte. Den hatten sie besonders gemocht, diesen stets fröhlichen Gesellen mit der schönen Stimme. Der? Und tapfer ist er gewesen! Sie hielten mit ihren schnaubenden Pferden am noch offenen Grab, sprangen herunter und beteten auf den Knien. ‚Was?' sagte ihr Hauptmann ‚keine Salve?' Riß die Pistole aus dem Gürtel, und krachend löste sich der Schuß.

Mit einem glühenden Ladestock brannte Horn den Namen des Freundes in die Rinde und den Tag darunter, an dem Körner gefallen war: 26. August 1813. Er war nicht einmal zweiundzwanzig Jahre alt geworden" (Völkel, S. 424-426).

Verständlich, daß noch Jahrzehnte später im Kaiserreich Körner zutiefst verehrt wurde: „Onkel Schlaume . . . wurde von uns bis aufs Blut nach seinen Kriegsgeschichten ausgepreßt, und es tat uns nur leid, daß er nicht mit Theodor Körner, unserem Abgott, in derselben Schwadron des

Lützowschen Freikorps, sondern bescheiden als Infanterist bei der nicht minder tapferen Landwehr gestanden hatte“ (Richarz, S. 150).

Nach dem Zweiten Weltkrieg führte der Goebbelsche Mißbrauch dann zu Auseinandersetzungen. Die SED prangerte Körner in den ersten Jahren als „unerbittlichen Krieger“ (Doliesen, S. 55) an, und nur der Gegenwehr Wöbbeliner Bürger ist es zu verdanken, daß die Grab- und Denkmalsanlagen nicht zerstört wurden. Kurz nach 1950 kam dann aber die ideologische „Wende“: Zusammen mit anderen Helden der Befreiungskriege, wie Arndt und Jahn, Schill und Blücher, wurde Körner nun zum nationalen Erbe gezählt und entsprechend gewürdigt: Zwanzig Theodor Körner-Straßen und -Plätze in den größeren DDR-Städten zählte der Historiker Gerhard Doliesen, als er Stadtpläne auf entsprechende Namensgebungen hin untersuchte; selbst Turnvater Jahn (siehe Kapitel Lanz) kam mit 17 Nennungen nicht an das Körnersche Rekordergebnis heran (Doliesen, S. 150, 154).

Schon 1952 gab es dann in Wöbbelin die erste Nachkriegsehrung des Befreiungskämpfers, die sich jährlich am Wochenende nach bzw. vor dem 26. August, dem Todestag Körners, wiederholt: ein Dorffest, das 1988 zum 175. Todesjahr Minister und viele hohe Militärs sah. 1991 steht der 200. Geburtstag Körners an...

ⓘ Wöbbelin, ca. 900 Einwohner. Körner-Parkanlage mit Büste und Grabdenkmal Körners, zugleich Gedenkstätte für die KZ-Häftlinge des nahegelegenen Außenlagers „Reiherhorst“. Am Parkeingang Informationshaus mit Ausstellungen.

Literatur:

Theodor Körners sämtl. Werke. Zwei Bände. Berlin, o. J., darin: Leier und Schwert, S. 1-37

Ulrich Völkel, Mit Leier und Schwert. Roman um Theodor Körner. Verlag der Nation Berlin 1983

Goebbels, Sportpalastrede. In: R. u. R. Meurer(Hg.), Texte des Nationalsozialismus. München 1982, S. 72-74

Gerhard Doliesen, Wie lebendig ist die Geschichte in der DDR? Zum Zusammenhang von Erbe- und Traditionspflege, Heimatgeschichte und Geschichtsbewußtsein am Beispiel der Befreiungskriege. In: Deutsche Studien, Heft 106 (1989), S. 137-155

Monika Richarz (Hg.), Bürger auf Widerruf. Lebenszeugnisse deutscher Juden 1780-1945. München 1989

Axel Kahrs,“Ahnungsgrauend, todesmutig...“ - die Schriftsteller Theodor Körner und Johann Peter Eckermann als Freikorpsjäger im Landkreis. In: ders., Wendland literarisch, Göttingen 1985, S. 33-38

Wer noch altes Wendenblut in seinen Adern fühlt, mag seinen Haß zusammennehmen; wir Anderen aber unsere Liebe und unseren Respekt.

Theodor Fontane, Gedanken über die Altmark im Jahre 1859

Die Altmark

Im Schatten der Geschichte

Eine „Mark" wie die Mark Soltwedel, auch Olde Marck oder marchia antiqua genannt, bildete im Mittelalter „ein noch nicht in das Reich und dessen Gausystem eingereihtes Vorland; es war eine kriegerische Occupation in Feindesland mit der Aufgabe immer weiterer Bekehrung und Unterwerfung" (Parisius, S. 1). Die Wenden, denen dieser Krieg galt, hatten also allen Grund zum Haß, die späteren Preußen allen Anlaß zur Ehrfurcht vor der Keimzelle ihres Staates. Erst die Verlagerung der Grenzen nach Osten, in die „neue" Mark Brandenburg, brachte der Gegend um Salzwedel und Stendal jene Ruhe und Geborgenheit, die den wirtschaftlichen Aufschwung in blühenden Hanse-Städten ermöglichte: „Es hat auch das Land den seligen Frieden lange Zeit gehabt, da andere Länder um und um den Krieg erfahren", schrieb der Osterburger Pfarrer Christoph Entzelt in seinem „Chronicon" von 1579 und lobte die Heimat: „Es ist aber das Land – die Alte Mark – mit hohen Gnaden und Gaben Gottes geziert: einer gesunden Luft, ein reich Kornland, schöner Viehzucht, Butter, Käse, Wolle, Honig, Fleisch, Fische..." (Entzelt, S. 22).

Und doch war mit dem Aufstieg einer neuen Brandenburgischen Metropole die Blütezeit der Altmark-Städte schon vorbei: „1521 gab es

Anordnungen, wer wann und wo neben wem beim Landtag zu sitzen hatte, beim Aufzug mit der Fahne marschieren mußte. Für jedermann war nun sichtbar: in der Rangordnung hatten Berlin und Kölln endgültig Stendal, Alt- und Neustadt Salzwedel eingeholt und bald überflügelt" (Schmidt, Lesebuch, S. 443). Den endgültigen Niedergang, der über Jahrhunderte hinweg anhielt, brachte der 30jährige Krieg, an dessen Ende „die Altmark zu den deutschen Landschaften (gehörte), in welcher der waffengewaltige Wahnsinn am konsequentesten alle wirtschaftlichen und kulturellen Leistungen aus vorangegangenen Jahrhunderten getilgt hatte" (Schmidt, Lesebuch, S. 446).

Andreas Ritners „Altmärckisches Geschicht-Buch" gibt einen Eindruck von dem, was die Menschen zu erleiden hatten: **„Hierbei muß ich melden, daß das ganze Land der Altenmark durch vielfältige Durchzüge sovieler mächtiger Kriegsheere und Armeen fast gar ruinieret und öde dahingestanden. (...) Item, da sie die Menschen ans Feuer eine Zeit geleget, in die Backöfen gestecket, in die Brunnen gesenket, bei den Füßen aufgehenket, ihnen Daumenschrauben aufgesetzet, ihnen spitzige Zäcklein unter die Nägel geschlagen, ihre Köpfe also gerädelt, daß ihnen die Augen aus den Köpfen gestanden, ihnen die Mäuler aufgesperret, Knebeln dreigeleget, Frauen und Jungfrauen öfter geschändet, deswegen öfters der Mann das Weib, und diese den Mann, ja Eltern die Kinder und diese die Eltern, ob sie gleich krank daniedergelegen, verlassen und verschmachten lassen müssen, davon sie zu Zeiten nichts, denn etliche wenige Knochen bei ihrer Wiederkunft gefunden, weil die Hunde alles aufgefressen und verzehret haben"** (Ritner, S. 58).

Was hätte Sebastian Münster, der schon 1544 in seiner „Cosmographia" von der „kleinen armen Landschaft" (Parisius, S. 2) sprach, wohl 100 Jahre später zu den verödeten Städten und wüsten Dörfern gesagt, in denen noch 1663 die Verordnung erging, nun endlich Bäume und Gestrüpp aus den Äckern zu entfernen, um die Landwirtschaft wieder in Gang zu bringen (vgl. Schmidt, Lesebuch, S. 446)?

Fontane fordert denn auch, diesmal ganz unironisch, **„eine gewisse Pietät"** gegenüber der Altmark: **„Auch jetzt noch verläugnen die altmärkischen Städte ihre frühere Bedeutung keineswegs, und neben schlichten, zum Teil baufälligen Fachwerkhäusern, die im**

günstigsten Fall das Interesse hohen Alters bieten, finden sich zahlreiche Bauten, die an Fürstenmacht und Bürgerreichtum, an die Glanztage des Klerus und der Hansa erinnern. Freilich wird der Abstand zwischen einst und jetzt nur umso fühlbarer dadurch. Im Durchschreiten dieser altmärkischen Städte hat man weniger das Gefühl, daß, etwa wie in Gent, der Bevölkerung ihr Rock zu weit geworden sei; man erkennt nur einfach, daß Rock und Mann zu gleicher Zeit heruntergekommen sind und daß beide einst stattlicher drein sahen" (Fontane, S.148).

Die Altmärker selbst wissen um ihre leidige Vergangenheit; Parisius beschreibt sie, von der Geschichte geprägt, als zäh und knorrig, langsam und bedächtig, aber ohne Schwanken und Wanken (vgl. Parisius, S. 4), so daß schon Friedrich Wilhelm I. von Preußen in den Instruktionen für seinen Nachfolger schrieb: „Die altmärkischen Vasallen sein schlimme, ungehorsame Leute, die dar nichts mit Guten tun, sondern reweche (= störrisch) sein" (Friedrich Wilhelm I., S. 88).

Besonders auf die Adelsfamilien wie Schulenburg, Alvensleben, Knesebeck und Bismarck hatte er es abgesehen (vgl. ebd., S. 88), die, insgesamt sieben in der Altmark, zum beliebten Spiel mit der Zahl beitrugen: Sieben Flüsse (Milde, Biese, Aland, Jeetze, Tanger, Uchte, Zehrengraben) gibt es, dazu sieben Bäche, des weiteren sieben „verkehrte" Kirchen (mit dem Turm über dem Ost-Chor) und sieben Flecken (Arendsee, Arneburg, Bismark, Kalbe, Klötze, Öbisfelde und Tangerhütte) sowie sieben Städte, deren Einwohner jeweils besondere Vorlieben haben:

De Stendaler drinken gern Wien,
De Gardeleger wullen Junker sin,
De Tangermünder hebben den Mot,
De Soltwedler hebben dat God,
De Seehuser dat sind Ebenthür,
De Werbener geben den Weiten dür,
de Osterborger wollten sik räken
Un däden den Bullen för den Bären stäken.

(Kalben, S. 15)

Da, wo offensichtlich die großen Sensationen fehlen, müssen die kleinen her, wie Hanns H.F. Schmidt berichtet: **„Im Dörfchen Poppau, heutzutage ein Ortsteil von Bandau, im landschaftlich reizvollen, reichbewaldeten Kreis Klötze steht der Mittelpunkt der Welt. Um die letzte Jahrhundertwende hat ihm der Kinderbuchautor Georg Bötticher, dessen bekanntestes Werk freilich sein Sohn Joachim Ringelnatz geblieben ist, folgende Verse gewidmet:**

In Poppau steht ein alter Stein:
dort soll der Erde Mitte sein.
In Poppau hält man das für wahr,
und mir scheint es nicht sonderbar:
Ein jedes Nest, das kleinste, hält
sich für den Mittelpunkt der Welt.

(Schmidt, Skizzen, S. 8)

Verständlich, daß in diesem Klima auch die Heimatliteratur ihre Blüten trieb; in der „Altmärkischen Heimathymne" von 1913, verfaßt von Max Friedrich Gebhardt, zu singen nach der Melodie des „Ännchen von Tharau", erreicht sie ihren Gipfel:

Liebliche Altmark, du Stammland so alt,
zu dir hin zieht's mich mit Zaubergewalt.
Schaut dich der Wandrer mit jubelnder Lust,
frei wird der Sinn ihm und frei wird die Brust!
Liebliche Altmark, dich grüßt der Gesang
altmärk'scher Männer beim Becherklang.

(Schmidt, Lesebuch, S. 454)

Doch die Altmark hat mehr zu bieten, läßt sich nicht, wie jüngst in einer Reportage von Johannes Groschupf, auf den Dreiklang „Bier, Bauern und Bismarck" reduzieren. In den Städten, aber auch in manchen Dörfern, gab es geistiges Leben, und die folgenden Kapitel werden zeigen, daß es von Winckelmann und Turek, Meinecke und Harnisch über Fontane und Reutter bis zu Fehse, Bartus, Korschunow und Herms so manches Lesens- und Wissenswerte zu entdecken gibt. Als Karl Julius

Weber in seinen „Melancholischen Betrachtungen" schrieb: „Die Gegenden der Altmark machen wenig Lust, sich viel von der Hauptstraße zu entfernen" (Schmidt, Lesebuch, S. 146), unterlag er wohl einer großen Fehleinschätzung.

Literatur:
Hermann Dietrichs und Ludolf Parisius, Bilder aus der Altmark. Band 1, Hamburg 1883, bes. S. 1-4

Hanns H.F.Schmidt (Hg.), Die Altmark. Ein Lesebuch. Hinstorff Verlag, Rostock 1988

ders., Skizzen aus der Altmark. Greifenverlag, Rudolstadt 1978

Heinrich-Detloff von Kalben, Die Altmark. Wiege Brandenburg- Preussens. München 1959, bes. S. 9-15

Udo von Alvensleben/Harald von Koenigswald, Besuche vor dem Untergang. Adelssitze zwischen Altmark und Masuren. Frankfurt/Berlin 1968, Kapitel 6 und 9

Berent Schwieneköper (Hg.), Provinz Sachsen Anhalt. Handbuch der historischen Stätten Deutschlands. XI. Band, Stuttgart 1975

Ausflugsatlas Umgebung von Magdeburg. VEB Tourist Verlag, Berlin und Leipzig, 3. Auflage, 1988

Johannes Groschupf, Bier, Bauern und Bismarck. Entdeckungen in der Altmark. In: Die Zeit Nr. 7 vom 9.2.1990

Christoph Entzelt, Die Vorzüge der Altmark. In: Schmidt, Lesebuch, s.o., S. 22

Andreas Ritner, Der Bauern Verfassung und Defension. In: Schmidt, Lesebuch, s.o., S. 58

Friedrich Wilhelm I. von Preußen, Aus den eigenhändigen Instruktionen für seinen Nachfolger (1722). In: Schmidt, Lesebuch, s.o., S. 88

Theodor Fontane, Gedanken über die Altmark im Jahre 1859. In: Schmidt, Lesebuch, s.o., S. 148-149

Karl Julius Weber, Melancholische Betrachtungen. In: Schmidt, Lesebuch, s.o., S. 146-147

Max Friedrich Gebhardt, Altmärkische Heimathymne. In: Schmidt, Lesebuch, s.o., S. 454

Zwischen Alt- und Neustadt von Salzwedel lag anfangs ein sumpfiges Gebiet, der Lohteich. Erst ab 1365 wurde es bebaut, Tore wie das an der Ilsenbrücke trennten aber noch jahrhundertelang die verfeindeten Bürger der Doppelstadt. Hermann Dietrichs hat 1883 für Ludolf Parisius' „Bilder aus der Altmark“ den Lohteich gezeichnet.

Salzwedel

Stadt der Sagen, Erinnerungen und Reportagen

„Wäre Salzwedel es nicht wert, von der UNESCO globalgeschützt zu werden?“ – diese Anerkennung im Merian-Heft „DDR-Extra“ (1990) erfüllt die Einwohner der Stadt an Jeetze und Dumme sicher mit Stolz, zwiespältiger werden sie aber die abschließende Bemerkung der Reporterin Charlotte von Saurma aufnehmen: „Glücklich kehrt der Stadtmensch heim in den Westen, und weiß allerlei zu berichten von Menschen mit viel Zeit und Mitteilungsbedürfnis. Von deren Hoffnung auf westliche Hilfe bei der dringlichen Stadtsanierung. Doch insgeheim wünscht er, daß Salzwedel noch ein Weilchen als Schatz unter Hempels Sofa liegen bleibt“ (Saurma, S. 11).

Die Zukunft wird zeigen, was aus der alten Hansestadt wird; der Vergangenheit jedenfalls verdankt sie ihren Reichtum und ihre Schönheit, denn dreimal in den zurückliegenden über 750 Jahren Stadtgeschichte hatte Salzwedel Glück:

Die Jahrhunderte währende Trennung in Alt- und Neustadt, von den Bürgern zäh bis zur vom preußischen König erzwungenen Vereinigung im Jahre 1713 verteidigt, führte dazu, daß Salzwedel über jeweils zwei Exemplare der wichtigsten Gebäude einer Stadt verfügt, man hatte eben zwei Rathäuser, zwei Hauptkirchen, zwei Gerichte, zwei Schulen usw. Das kommt dem heutigen Stadtbild mit seiner Fülle historischer Ensembles sehr zugute.

Im Mittelalter sind sie entstanden, in der Blütezeit Salzwedels. Hier kam das Glück in Gestalt des Lübecker Ratsherren Alexander von Soltwedel, Bezwinger des Dänenkönigs Waldemar und Mitbegründer der Hanse. Er sorgte dafür, daß seine Vaterstadt Salzwedel Mitglied des Städtebundes wurde und dort sogar das Vorrecht genoß, von Lübeck in Bank- und Genossenschaftsangelegenheiten vertreten zu werden. Der Historiker Barthold zieht den reizvollen Vergleich:

„Immerhin ist Salzwedels Sitz auf der Handelsbank in Wisby ebenso wunderbar, als wenn die heutige behagliche Landstadt an der Jeetze einen Konsul in New-York hielte“ (nach Parisius, S. 170).

Die Wirtschaft florierte am Kreuzungspunkt der Handelsstraße Magdeburg-Ostseestädte und der Salzstraße Lüneburg-Stendal, die beide die Durchfahrt oder Salz-furt = wedel an der Jeetze benötigten.

Eine Auflistung der Feuerstellen aus dem Jahre 1564 verdeutlich die Rangordnung der Städte:

1. Stendal	1210 Feuerstellen	
2. Brandenburg	1174 Feuerstellen	
3. Salzwedel	999 Feuerstellen	
4. Berlin	908 Feuerstellen	(nach Parisius, S. 188)

Das dritte Mal war es das Kriegsglück, das die Stadt im Dreißigjährigen Krieg frei von Plünderungen und Überfällen hielt; das schlimme Schicksal Tangermündes oder Dömitz’ blieb ihr erspart.

Die aber schon vorher einsetzende Verschiebung der wirtschaftlichen und politischen Schwerpunkte nach Berlin (vgl. Kapitel: Altmark) ließ Salzwedel dann für Jahrhunderte in den Status eines kleinen Regionalzentrums zurückfallen, Ort für Sagen, Erinnerungen und wehmütige Betrachtungen.

I. Die sagenhafte Stadt

Wer durch Salzwedels Gassen geht, vor den Kirchen, Klöstern, Burganlagen und Lateinschulen steht, spürt, daß hier der ideale Nährboden für Sagen und Legenden zu finden ist. Um Fachwerk, Türme und Mauern ranken sich Geschichten, die von Schicksalen und Gestalten aus längst vergangenen Zeiten erzählen. Der Sagenschatz ist schier unermeßlich (vgl. Schmidt, Altmark, S. 471-473), und erst 1989 hat Andreas Neuling, gebürtiger Salzwedeler und Kunsterzieher in seiner Heimatstadt, die umfangreiche Literatur gesichtet und neu erzählt. Auch die Tatsache, daß der Autor für sein privat verlegtes Buch jahrelang kämpfen mußte, bis es im Herbst 1989 erscheinen konnte (vgl. Matussek, S. 212), gehört zur Literaturgeschichte der DDR.

Die Schulenburgs, deren großes Wohnhaus bei der Marien-Kirche jetzt Museum ist, sind bei Neuling mit der Geschichte eines Brudermordes vertreten; der sagenhafte Blutfleck in der Salzwedeler Burg, der von einem hinterhältigen Mord des Markgrafen Gero kündet und angeblich allen Scheuer- und Putzmitteln trotzt, findet sich hier ebenso wie die listige Geschichte vom Riesen „Jan Kahl oder Warum Salzwedel einen schiefen Kirchturm besitzt“:

„Jan Kahl richtete sich auf, daß er mit den Schultern die Baumwipfel streifte, streckte und lockerte seine Glieder und legte zu guter Letzt den felsartigen Türstein vor seine Behausung. Zum Fürchten sah er aus, wie er über Feld und Flur sprang, als wären sie für ihn nur eine Spielzeuglandschaft. Nach wenigen Schritten, was nach menschlichem Maß mehreren Meilen gleichkommt, gewahrte der Riese, daß sich die Silhouette der Stadt Salzwedel verändert hatte. Da gab es neue, stärkere Mauern, Häuser, Tore und Türme. Zur linken schlängelte sich der Fluß, den sich die findigen Städter schutz- und schiffbar gemacht hatten.

Jan Kahl rieb sich verwundert die Augen, hatte er den Beginn der neuen Zeit verschlafen? Ein besonders hoher Turm war ihm sofort ein Dorn im Auge, denn selbst auf die Entfernung hin wirkte er größer als der Riese selbst.

‚Diese Angeber‘, schimpfte Jan Kahl und setzte kopfschüttelnd seinen Weg fort. ‚Ruhm und Reichtum scheinen ihnen die Sinne zu verwirren. Jetzt bauen sie sogar Türme, die unsereinen um Haupteslänge überragen. Die alte Kirche reicht ihnen nicht mehr aus, da muß eine her, die den Himmlischen an den Zehen kratzt. Gleich will ich eilen, um diesen Zwergen auf die Finger zu schauen‘“ (Neuling, S. 19).

Aber weder Drohungen noch Verhandlungen helfen, schließlich greift der Riese zum letzten Mittel, um seine Macht zu erhalten: Mit einem Felsbrocken will er die fertiggestelle Turmspitze der Marien-Kirche zerschmettern, doch der Wurf mißlingt:

„Um Haaresbreite passierte er den Kirchturm und ging zu seinen Füßen nieder. Der Aufschlag aber schaffte genügend Raum, um den späteren Pfefferteich darin zu beherbergen. Dieser einzige geschickte und wohlgezielte Wurf des Riesen gab der Salzwedeler Altstadt eine gewaltige Ohrfeige.

Der Riese Jan Kahl, letzter seiner Sippe, kommt trotz Urgestalt und Kraftmeierei nicht gegen die Salzwedeler an, die ihm wegen ausbleibender Hilfe den Schutzvertrag aufkündigen und ihren eigenen neuen Waffen vertrauen. Dem Relikt aus überholten Zeiten bleibt am Ende nur der ohnmächtige Steinwurf auf die Marienkirche – ein schiefer Turm zeugt heute noch von dem mißlungenen Versuch.

Einen Augenblick lang schien es auch Jan Kahl, als hätte der Stein sein Werk vollbracht. Aber, das neue Bauwerk hielt stand, auch wenn es beträchtlich ins Schwanken geriet.

Zögernd kamen die Bürger der Stadt aus ihren Häusern, um sich den Schaden zu besehen. Die ersten, die zu lachen begannen, waren die Kinder. Dann folgten die hellen Stimmen der jungen Mädchen, und schließlich stimmten auch alle übrigen ein ohrenbetäubendes Gelächter an. Ja, die ganze Stadt lachte aus vollem Herzen. Und man hatte auch allen Grund dazu. Schaden hatte der Turm keinen genommen, wenn man einmal davon absah, daß seine Spitze etwas aus dem Lot geraten war. Fortan sollte er eben der schiefe Turm genannt werden“ (Neuling, S. 23).

II. Heimat Salzwedel

„Meine eigenen Jugenderinnerungen an Salzwedel widme ich meiner Vaterstadt als Ausdruck des Dankes für das, was sie mir für meine innere Wegweisung in das Leben bedeutet hat“ (Meinecke, S. 24). Als der Historiker Friedrich Meinecke diese Danksagung seinem Buch „Erlebtes 1862-1901“ voranstellte, war sein Lebenswerk schon vollendet. Unter dem Einfluß Rankes und Droysens hatte Meinecke als Professor für Geschichte sich einen guten Ruf in der deutschen Historiographie erworben; sein Werk „Weltbürgertum und Nationalstaat“ (1908) gilt als eine der Grundlagen zur Geistes- und Ideengeschichte, von 1896-1934 gab Meinecke die führende „Historische Zeitschrift“ heraus, zu seinen Schülern zählen Rothfels und Gerhardt.

Die Bindung an Salzwedel ist bei Meinecke mehr als romantische Verklärung, er glaubte, im Sinne Herders, daß „die Morgenröte des Lebens“ den „Anklang unserer Bestimmung“ (Meinecke, S. 39) macht, und so findet er in der Salzwedeler Kleinstadtwelt um 1865 die Prägungen seiner späteren Neigungen:

„Die alten Fachwerkhäuser nebst Vorbauten mit leicht erkennbarer, aber nicht sagbarer Bestimmung ragen hinüber über das träge Wasser. Wenn die Jeetze aber in die Gärten hinausfließt, die längs den Resten der alten Stadtmauer, von dieser mit durchzogen, liegen, nicken die Flieder- und Rotdornbüsche hinein. Von

ihr sagt man: meistens steht se, selten jeht se, nur wenns mal jeregnet hat.

Der altmärkische Kleinstädter liebt einen dicht bepflanzten Garten mit recht viel Beeten, schmalen Wegen und alten Bäumen. Wenn die Sonne nicht hineinkommt, muß es der schwere schwarze Boden schaffen, und bringt auch in strotzender Fülle Tulpen, Schwertlilien und Stiefmütterchen in den verstecktesten Winkeln hervor.

Eine Wonne war es für die Knaben, auf der Jeetze Kahn zu fahren, nicht etwa richtig zu rudern, dazu war sie zu schmal, sondern mit langem Stoßruder, das in den moorigen Grund gestoßen wurde, sich vorwärts zu stoßen, durch Wiesen mit reichstem Wuchse zu sumpfigen Wäldern hin, in denen es geheimnisvolle Stellen mit märchenhaften Sumpfblumen gab. (...)

Alle meine ersten Eindrücke von Schönheiten und Geheimnissen der Natur, die sich zu allen späteren Naturempfindungen wie die Goethesche Urpflanze zu ihren Metamorphosen verhalten, erhielt ich an jenen Stätten. (...) Auch für andere meiner Geschmacksrichtungen liegt die Wurzel in den Salzwedler Jugendeindrücken. Eine Liebe für die kleinen alten Häuser, an deren schmalen oder breiten Türen die Messinggriffe blinkten und in deren Giebelzimmer ich mich als Knabe mit meinen Büchern hineinwünschte, ist mir immer geblieben“ (Meinecke, S. 25-27).

Meineckes Vater war, wie schon der Großvater, Postmeister in Salzwedel, auch er hat Jugenderinnerungen geschrieben, die der Sohn später veröffentlichte; Skizzen aus der Zeit der Befreiungskriege, Erinnerungen an schöne Sommer im Garten des Hauses am Neuperver Tor und an das „solenne Salzwedler Schützenfeste, die Straße voll geputzter Menschen und bunter Schützen“ (Meinecke, S. 17).

Der am 30. Oktober 1862 geborene Sohn Friedrich spielt auf dem Kirchhof von St. Katharinen und geht später zum Unterricht in „das altertümliche kleine Schulgebäude, in dem der Aufgang durch einen Turm mit Wendeltreppe führte, wo ich mit Knaben und Mädchen zusammen das erste Schuljahr verlebte“ (Meinecke, S. 32). Bismarck zieht mit König Wilhelm 1865 durch das Neuperver Tor, 1866 und 1871 ist das Haus des Vaters der Mittelpunkt der Stadt „wo die Siegestelegramme einliefen und die schwarz-weiße Fahne zuerst aufgezogen wurde“ (ebd., S. 33).

Die Salzwedeler Bürger beschreibt Meinecke dabei mit viel Liebe und Zuneigung: **„Denn die Salzwedler, vor allem die Frauen, sind ein ganz bestimmter Menschentyp. Sie hängen mit zärtlicher Liebe an ihrem Heimatstädtchen, sind zuweilen scheu gegen Fremde, unglaublich interessiert füreinander, erinnerungsreich, klatschsüchtig, aber auch von rührender Hilfsbereitschaft und Opferwilligkeit füreinander. Die sozialen Gegensätze zwischen Honoratioren, Kaufleuten und Kleinbürgern sind von sehr milder Art. Das muß von altersher so gewesen sein, wie die Erzählungen meines Vaters mir zeigen. Man interessiert sich eben füreinander, hoch und niedrig, groß und klein, klatscht übereinander, aber hängt auch wie die Kletten aneinander. Erstaunt sind sie, wenn man nach etwas aus ihren Verhältnissen fragt, was man nach ihrer Meinung doch selbstverständlich wissen muß. Ihr geistiges Leben ist, von ihren sehr regen musikalischen Neigungen und Freuden abgesehen, mitunter etwas träge, und die Männer sind etwas materiell und derb geartet. Aber ihr gesamtes Leben hat, umrahmt von ihren Gärten, eine unwillkürliche Poesie“** (Meinecke, S. 35- 36).

Der kleine Junge hatte sie ja auch alle so kennengelernt, das Lieschen Engelmann vom Ilsenstift und das Fräulein von Klencke, den Kreisgerichtsrat Weber und den Bürgermeister Zechlin aus der Löwen-Apotheke:

„Das schnurrig-verschnörkelte Haus der Löwen-Apotheke mit seinen dunklen Winkeln und heimlich-stillem Garten an der Jeetze hat mir im Spiel mit den Zechlin-Kindern viel Kinderromantik geboten“ (Meinecke, S. 38).

Conradine Zechlin, Enkelin des Bürgermeisters und Nichte des Historikers Lothar Zechlin, hat den Geist dieses Hauses mit anderen Salzwedeler Geschichten verwoben und als Kleinstadtroman unter dem Titel „Das Nönnlein im Sechsmädelhaus“ veröffentlicht. 1929 erschien er unter dem Pseudonym „Ina Conradi“ im „Salzwedeler Wochenblatt“; das von der Autorin verwendete Leitmotiv der lebendig eingemauerten

Nonne ist altmärkisches Sagengut, auch Fontane hat es bei „Grete Minde“ verarbeitet (Catsch, S. 45 und 126).

Die Familien Zechlin und Meinecke haben an ihrer Heimat Salzwedel gehangen, der junge Friedrich kam auch nach dem Umzug der Eltern 1870 nach Berlin während der „Hundstage-Ferien“ oft zu Besuch, und eine Salzwedel-Reise mit Mutter und Tochter 1926 motivierte zur Niederschrift der Erinnerungen. 1947 fuhr Friedrich Meinecke, hochbetagt, noch einmal in die Vaterstadt, die einem ihrer großen Söhne in den vergangenen Jahrzehnten wenig Aufmerksamkeit geschenkt hat.

III. Die Stadt der Lehrer und Schüler

„Merkwürdig, zuweilen träume ich, daß Salzwedel eine Universität bekommen und ich auf meine alten Tage einen Ruf dahin angenommen habe“ (Meinecke, S. 36). Friedrich Meineckes Vision zeugt auch ein wenig von dem Respekt, den sich das Salzwedeler Gymnasium – zahlreicher Krisen zum Trotz (vgl. Parisius, S. 196ff) – im Laufe der Zeit erworben hatte: Die Schüler „spielten eine wichtige Rolle im gesellschaftlichen Leben Salzwedels, fast wie die Studenten einer kleinen Universität“ (Meinecke, S. 36).

Es lag nicht nur an den nach außen hin ehrwürdig wirkenden Räumlichkeiten des ehemaligen Franziskaner-Klosters an der Mönchskirche, in denen die Schule von 1744 bis zum Umzug in den gotisch gehaltenen Neubau bei St. Katharinen untergebracht war, auch die Lehrer und Schüler trugen zum guten Ruf bei. Turnvater Jahn und Johann Joachim Winckelmann lebten und lernten hier (Jahns Wohnhaus steht noch heute neben dem Jenny-Marx-Museum), später kamen der Altmark-Historiker Ludolf Parisius und Meineckes Vater (vgl. Meinecke, S. 21ff) hinzu. Johann Friedrich Danneil, ein ehemaliger Schüler und späterer Begründer deutscher Vorgeschichtsforschung, leitete die Lehranstalt von 1819 bis 1853, das Heimatmuseum Salzwedels trägt heute seinen Namen.

Die Schüler, 1817 einhundertachtundachtzig an der Zahl, übten sich in Jahn'schen Sportwettkämpfen und tausend Hexameter umfassenden Gedichten wie die Schneeballschlachtbeschreibung „Der Helden Prima's und Sekunda's Schneekampf“ des späteren Theologen Woltersdorff

(Parisius, S. 202 ff), an die sich auch Meinecke noch erinnerte (Meinecke, S. 37).

Ein Schüler, der an dieser „epischen“ Winterschlacht teilnahm, war der Sohn des Landrats von Salzwedel, Ludwig von Westphalen (geb. 1770). Dieser zeichnete sich in den Befreiungskriegen aus (Schmidt, Skizzen, S. 292-296) und wurde am 12. Februar 1814 Vater einer kleinen Tochter namens Jenny, die in der Marien-Kirche getauft wurde. Schon zwei Jahre später zog die Familie nach Trier, wo die junge Jenny später als „Ballkönigin“ und „schönstes Mädchen der Stadt“ umworben wurde. Sie wählte den 18jährigen Studenten Karl Marx und blieb bei ihm für ein langes, mit Sorgen und Nöten erfülltes Leben.

Alle Biographen rühmen ihren Charakter und ihr Wesen, sie war Mutter von sieben Kindern und Ehefrau eines genialen, aber auch egozentrischen Philosophen. Das Schicksal von Jenny Marx, die in einem damals beliebten Fragebogenspiel Goethe, Luther und Florence Nightingale als Vorbilder, und Aufrichtigkeit, Zuneigung sowie Beharrlichkeit als Lieblingstugenden angab (Schwalbach, S. 24), hat viele Menschen bewegt, wie es beispielhaft in den Erinnerungen Wendelgard von Stadens zu lesen ist: Nach der Machtergreifung 1933 wanderten die Bücher ihrer Mutter „in Obstkisten hinauf in das Bienenhäuschen im Park und wurden in leeren Bienenkästen versteckt. Später bin ich ab und zu dort hingegangen und habe in ihnen gelesen, vor allem im ‚Kapital‘, denn ich suchte etwas über Jenny von Westphalen. Meine Mutter hatte so oft über sie gesprochen und war böse gewesen, daß der Mann seine Frau auf dem nackten Boden die Kinder habe gebären lassen. Aber im 'Kapital' fand ich nichts über Jenny von Westphalen“ (von Staden, S. 34). Jennys Geburtshaus mit der kleinen Statue im Park bleibt hoffentlich, über alle ideologischen Grenzen hinweg, eine Gedenkstätte dieser Frau.

Ein Denkmal oder eine Erinnerungstafel für Dr. Wilhelm Harnisch gibt es nicht in Salzwedel, auch er ist, wie Friedrich Meinecke, fast vergessen. Nur seine Geburtsstadt Bad Wilsnack erinnert in der Lindenstraße 9 daran, daß er hier am 28. August 1787 geboren wurde. Nach Salzwedel kam Harnisch zu Ostern 1800, sein Vater wollte ihn zum Prediger erziehen lassen. Harnisch schreibt über seine ersten Erfahrungen in der neuen Umgebung:

„Den andern Tag kamen wir auf eine Anhöhe, der Fuhrmann rief mir zu: ‚Wilhelm, da ist Salzwedel!‘ und ich starrte die Thürme an, welche ich am fernen Horizont erblickte. Als etwas gar Wunderbares und Schauerliches kam mir das Thor vor, welches uns in Salzwedel einführte; denn es hatte eine festungsartige Wölbung, so daß es dunkel darunter war. (...)

Obgleich ich bei Keinem angemeldet war, so hatte die Aufnahme in die Schule keine Schwierigkeit. Der neue Rector Heinzelmann hatte das Regiment noch nicht vollständig übernommen, sondern der Pastor Woltersdorff, gewesener Rector, führte solches noch fort. Er war gar freundlich gegen mich und gegen meinen Vater, prüfte mich und fragte dabei mich auch wirklich, wie lange der Dreißigjährige Krieg gedauert hätte, aus welcher Frage man den Standpunkt meiner geringen Bildung entnehmen kann. Jedoch war ich reif für die 4. Klasse. Fünf Klassen hatte nämlich damals die Schule, zwei obere für Studierende und drei untere, größtentheils für Bürgerssöhne des Orts, die, wie man zu sagen pflegt, ein Maul voll Latein mit in die Werkstätte nahmen. Die Unterbringung in Wohnung hatte auch keine Schwierigkeiten. Zwei sehr alte Jungfrauen, ich glaube Kürschner- oder Handschuhmachertöchter, hatten ein ganzes Haus gemiethet. Die älteste hielt in der einen Stube, welche zugleich ihre Wohnstube war, Schule mit kleinen Kindern, die jüngere führte die Wirthschaft. Eine obere Stube war an zwei große Schüler vermiethet; ich aber fand meine Schlafstätte in einer Kammer und sollte in der Wohnstube der Jungfern arbeiten“ (Harnisch, S. 46-47).

Die genauen Aufzeichnungen der Jugendzeit, die erst nach Harnischs Tod veröffentlicht wurden, geben ein anschauliches Bild der Schulzeit. Ungeschminkt werden Mängel bei den Lehrern angeprangert:

„Der Lehrer der 5. Klasse war ein geschickter Tonkünstler, lebte, unverheirathet, der Geselligkeit, mochte wol abends oft spät nach Hause kommen und hatte unglücklicherweise die erste Frühstunde, irre ich nicht, in allen drei vereinten Unterklassen, sicherlich in den beiden untersten zu geben. Nun kam er vor halb, gewöhnlich erst nach drei Viertel, ja öfter erst, wenn der Lehrer für die zweite Stunde schon da war. Sonst hätte dieser Lehrer wohl

was leisten können. Man ersieht daraus, welche Unordnungen damals möglich waren“ (Harnisch, S. 50).

Und auch das Schulgebäude im ehemaligen Kloster kommt nicht gut davon:

„So dürftig, wie das Lehrerpersonal der Schule, waren auch die Lehrzimmer. Man hatte die alten Klosterräume, wie sie sich gerade dargeboten, benutzt. Es fehlte namentlich den Räumen an Licht, theils weil sie zuwenig Fenster hatten, theils weil die Fenster schlecht angebracht, theils die Scheiben von dickem Schmutz überzogen waren. Einer Fensterwäsche und einer Klassenweißung erinnere ich mich gar nicht. Einige Klosterräume waren zu kalt und zu groß, andere wieder zu klein. Es gab noch Räume genug, aber sie waren unausgebaut oder ganz baufällig. Zu den letzteren Räumen gehörte auch das Carcer. Ein grausiger Ort, der, soviel ich mich erinnere, während meiner Schulzeit nicht gebraucht worden ist“ (ebd., S. 53-54).

Harnisch schildert ausführlich Salzwedels Kleinstadtleben, den Schrecken eines Doppelmordes, das Schlittschuhlaufen auf der Jeetze, die erste Liebe und Kontakte zum Wendland, der ihm fremden hannoverschen Nachbarregion:

Seine Schulabenteuer **„bekamen dadurch ein besonderes Gepräge, daß die Schüler der Oberklassen theils Preußen, theils Hannoveraner waren, welche ihre eigene Anschauungsweise hatten und dadurch Manches zu unsrer Bildung mit beitrugen. Sie waren in der Regel Gegner von Preußen und stolzten auf die Verbindung mit England. Wir aber bekämpften gern ihren Hochmuth und stolzten auf Preußens Kriegsheer und seinen großen Friedrich. Gern dagegen machten wir mit ihnen Ausflüge in ihr Land nach den nahegelegenen Städten Wustrow oder Lüchow, weil die Wohlfeilheit der Weine und der Colonialwaaren uns gefiel. Zu Zeiten fuhren wir die Jeetze herunter mit einem Kahn, zu Zeiten wählten wir den Landweg; im Winter aber ging es am besten zu Schlittschuh. (...) Außer den kleinen Streifereien in's Hannöversche besuchte ich auch einmal die Eltern eines Mitschülers in jenem Lande und lernte dabei manch neue Verhältnisse und Sachen**

kennen, die meinen Blick erweiterten. Ich aß dort zum ersten Mal Preißelbeeren...“ (ebd., S. 71).

Als Harnisch 1806 die Schule verläßt, prophezeit ihm der Rektor: „Wenn Sie in gute Gesellschaft kommen, kann noch etwas aus Ihnen werden; kommen Sie in schlechte Gesellschaft, so sind Sie verloren“ (ebd., S. 79).

Es wurde eine gute Gesellschaft und Harnisch ein kluger Pädagoge und Erziehungswissenschaftler mit weitblickenden Kenntnissen: „Schlimmer ist gar oft ein Schüler dran, an dem täglich sechs bis sieben Lehrer ganz unharmonisch herumarbeiten“ (Harnisch, nach Rodegast, S. 22).

Über Salzwedel, das Harnisch 1844 zur 100-Jahr-Feier der Schule wiedersah, schrieb er: **„Ich bin nicht unzufrieden damit, daß ich diese Schule besucht habe, ich habe dort einen Lehrer lieben, ich habe von einem Lehrer leiden und darum leben gelernt“** (Harnisch, S. 82). Mehr kann eine Schule nicht leisten.

IV. Salzwedel – das „schlamperte Dornröschen“

„Versunken im Windschatten des Kapitalismus, verpaßt von der Abrißbirne volkseigener Großplattenproduzenten“ (Saurma, S. 10) – so sieht Charlotte von Saurma 1990 die Stadt, die früher „Rothenburg an der Jeetze“ oder „Klein-Venedig“ hieß und die Friedrich Meinecke zu Vergleichen mit Straßburgs „Petit France“ anregte (Meinecke, S. 25). Der teilweise Verfall der Altstadt und die sich selbst genügende Behaglichkeit der Provinz im Schatten der Grenze regten dann auch den DDR-Journalisten Peter Wawerzinek zu einer spitzzüngigen Reportage an:

„Ein Fotograf und ein Schreiber fuhren im Bummelzug von Stendal nach Salzwedel, vorbei an frisch gebadeten Schweinen, die abholbereit am Bahnhof standen und mit rotgepinselten Ohren winkten. (...)

Dann Salzwedel, der Bummelzug hat Verspätung. Herr Böhme, den wir auf dem Bahnhof treffen, sagt ‚Das macht er eigentlich sonst nicht!‘, als wäre der Bummelzug eine kleines Hündchen. Walter Böhme, Berufsschullehrer und Mitglied der Bauernpartei,

leitet eine Singe-Truppe, die zu allen möglichen Veranstaltungen, Veteranentreffs und Republikgeburtstagen Kampf- und Jugendlieder bringt, ihre Stimme erhebt. (...)

Wir fragten Passanten, was sonst noch so angesagt sei – und erhielten Schulterzucken, ratlose Gesichter und sogar einen ganz manierlichen Lachanfall zur Antwort, als wir uns erkundigten, ob es im Ort eine Art Caféhaus gäbe! (...)

Der Fotograf hat noch nicht ein Bild geschossen, obwohl wir in einer sehr schönen, nahezu ungestörten und im Krieg unzerstört gebliebenen Stadt sind. Nur der Bahnhof fiel den Bomben zum Opfer. Es heißt, man müsse mit einem Salzwedler sieben Eierbecher Salz essen, ehe man ins Gespräch käme. Und in der Tat, viele Salzwedler kommen mir wie Beamte vor, die Alten mustern uns ausgiebig. Meine Ohrperle blinkert in der Frühlingssonne. Ich ahne, daß die Stadt meinem Naturell nicht entspricht. Hier in Salzwedel war mir gleich nach der Ankunft nach Rückfahrt gewesen" (Wawerzinek, Zweimal Salzwedel).

Die Reaktion auf diese Reportage überrascht nicht: Es ist der Protest der Provinz gegen Maßstäbe, die nicht der eigenen kleinen Welt entsprechen. Fritz Meier antwortet als „Parteiveteran, Mitglied des Kulturbundes und ehemaliger Bürgermeister der Stadt Salzwedel (...): Der Artikel entstellt das Leben in unserer Stadt, ist nichtssagend und primitiv. (...) In der Stadt und im Kreis Salzwedel gibt es ein reiches kulturelles Leben. Der Kreis Salzwedel nimmt mit seinen kulturellen Leistungen einen vorderen Platz im Bezirk Magdeburg ein. Neben dem im Artikel erwähnten Singeklub „Lutz Meier" gibt es den erfolgreichen FDJ-Singeklub „Maxim Gorki", der republikbekannt ist und bereits mehrere Male in Berlin und im Ausland aufgetreten ist. Das Pionier- und FDJ-Blasorchester umrahmt viele Veranstaltungen. Der Pionierchor errang im Wettbewerb im Bezirksmaßstab den 2. Platz. (...) Viele Salzwedeler Bürger mit Beamten zu vergleichen, dazu haben wohl die Äußerlichkeiten des Schreibers beigetragen, wer trägt als Mann schon eine Ohrperle" (Leserbrief an den „Sonntag").

V. Grenzen und Überschreitungen

Es sind nicht nur Ohrperlen, an die sich die Salzwedeler nach den Ereignissen im Herbst 1989 gewöhnen müssen; die kleine Stadt am Rand geriet durch die Öffnung der Grenzen unversehens in eine ganz neue Rolle: nun war sie Anlaufstation für die Bürger aus den östlichen Regionen der Republik, zugleich aber auch Ziel der Neugier westlicher Touristen, die in Tagesausflügen erste Erkundungen im Grenzgebiet machen wollten. Die Veränderungen im Stadtbild, die sich daraus ergeben, sind unübersehbar. Uwe Herms, Lyriker, Erzähler und Drehbuchautor mit Hamburger Wohnsitz, erfaßt diesen Wandel in einem Text, der auch Kindheitserinnerungen des am 9.9. 1937 in Salzwedel geborenen Autors einschließt – Vergangenheit und Gegenwart im Wechselbad:

Uwe Herms, Salzwedel: Eine Erinnerung

1. Ich bin in einem Neubau des Jahres 1937 geboren. Das ‚Einwohnerbuch Salzwedel 1939/40' verzeichnet unter der Straße Windmühlenbreite 11: ‚Herms, Carl, Funk-Unteroff.' - Carl Herms war mein Vater, stationiert auf dem ‚Fliegerhorst' Salzwedel. Zwei Jahre später war er schon ‚gefallen'. Wie er aussah, weiß ich von Fotos. Die Tränen des Vaterlandes überbrachte der vorgesetzte Offizier, meine Mutter vergoß sie. Meine Mutter tat es heimlich, für Kinder war der Tod nichts. Des Toten Tochter war zwei, sein Sohn fünf, seine Witwe siebenundzwanzig. Den Boten des Todes sehe ich besser vor mir als dessen Opfer: in der Wohnungstür eine dunkle Gestalt mit Fliegerjacke, das Entsetzen meiner Mutter als seinen Spiegel, der schwarze Blitz in mich hinein.

2. Meine Schwester und ich waren Hausgeburten. Wir und die Windmühlenbreite waren Folgen des ‚nationalsozialistischen Aufbauwillens', wie der Bürgermeister ins Salzwedeler Einwohnerbuch schrieb, 1939, als ich noch gar nicht lesen konnte. Nachdem sich zeigte, welch befremdliche Richtung die Lebensläufe ihrer Kinder genommen hatten, sagte meine Mutter: Wenn ich das nicht wüßte, daß ihr meine Kinder seid (denn Hausgeburten

können nicht verwechselt werden), würde ich glauben, ihr seid mir untergeschoben.

3. Die ‚Windmühlenbreite': sie ist gar nicht ‚das wahre Salzwedel', diese alte Markgrafen- und Hansestadt – oder ist sie es doch und auch? Die Windmühlenbreite liegt am ausgefransten Rand, sie ist ‚Salzwedel II', ehemals der Ort Perver, und nach dem Haus 11 kamen gleich ein golden wallendes Kornfeld und ein sandiger Feldweg. Die Natur endete vor einem Zaun, an den wir uns nicht rantrauten. Dahinter war etwas, wovon man nicht sprach.

4. Wenn ich da mit den Bauernkindern spielte, kamen manchmal Trupps von lumpigen Menschenbündeln vorüber und zogen auf dem Bullerwagen einen stinkenden Kohlsuppenkübel. Sie sagten nichts, sie guckten nicht, sie waren fremd. So warfen wir Erdklumpen nach ihnen, und ihre Bewacher drückten beide Augen zu.

5. Ich war schon sieben. Ich erzählte meiner Mutter von unseren Taten, und meine Mutter schlug mich dafür und sagte: Das mußt du nie mehr wieder tun, ganz arme Menschen sind das. Mehr sagte sie nicht.

6. Sie kamen aus dem ‚Lager', der Außenstelle Salzwedel des KZ Neuengamme, und von den Baracken steht immer noch eine. Das Lagergelände ist jetzt ‚Chemie-Fabrik', wo Superphosphat zu Düngezwecken produziert wird. Am Wegesrand ein kleines Mahnmal: ‚Stätte der Unmenschlichkeit und des Verbrechens der Faschisten. Mahnung für uns!'

7. Eine Gedenkstraße in der Nähe heißt: ‚Straße der OdF' – ‚OdF'? Im Verwaltungskürzel wird die Mahnung automatisiert. Einspruch gegen das Verbrechen als staatspolitische Sprechblase.

8. Vielleicht ist Salzwedel II mit ‚dem Perver' doch das wahre Salzwedel, und meine Windmühlenbreite liegt in genauerer Nachbarschaft, als ich je dachte. Was heißt eigentlich ‚Perver', dies ungeläufige Wort? Vielleicht kommt, wie Parisius sagt, ‚Perver' tatsächlich aus dem Hebräischen ‚Parvar' und war ein ‚Judaeoram vicus', der Vorort des ‚wahren Salzwedel', das Judendorp? Waren es Plan und historisches Wissen der Nazis, oder deren darwinistischer ‚Instinkt', genau hier eine ‚Außenstelle' für ihre Vernichtungsabsichten zu errichten?

9. Ich hatte die Gegend als Schmuggelgut auf einem Lastwagen verlassen, zusammen mit Mutter, Schwester und Mobiliar, um in dem Trümmergelände einer anderen Hansestadt unterzuschlüpfen, in Hamburg. Das war die Interimszeit gewesen zwischen dem Einzug der amerikanischen Truppen und ihrer Ablösung durch die sowjetischen, Frühjahr 1945. Deren beider Sterne hatte ich nach ihrer Farbe unterscheiden gelernt.
10. Schon ältere Leute geworden, standen wir fünfundvierzig Jahre später am alten Ort, und ich erschrak über einen Versprecher: OdS statt OdF.
11. Da schlenderte am Geländer entlang ein Mann im Sonntagsanzug und hatte die Hände tief in den Taschen. Ich sprach ihn an, um von der Zwischenzeit zu hören, und warum der Riesenschornstein der Chemie-Fabrik nicht rauche.
12. Lokführer der Fabrik, einer von vierhundertfünfzig Beschäftigten, Gehalt über tausend Mark, fast Spitze (Gruppe Nr. 7 von acht), jetzt unterbeschäftigt. Früher pro Schicht dreißig Waggons Superphosphat, dreimal am Tag, jetzt mühsam fünfundzwanzig in vierundzwanzig Stunden, wenn alles gut geht. Zwar seien nun, ‚nach der Wende', Werber für das Produkt unterwegs, aber sie fänden alle Lagerhallen der Landwirtschaftlichen Produktionsgenossenschaften voll bis unter die Decke mit früheren Lieferungen, die infolge der zentralen Planung aus Berlin zwar produziert und verteilt, aber ohne Bedarf geblieben seien. Es klang wie Weisheit für das eigene Leben, daß er gegen die neuen Verhältnisse gestimmt hatte. Das Werk würde aus dem Westen wohl keiner übernehmen: Arbeitslosigkeit, kombiniert mit Mietverdoppelung, beides in harter Währung.
13. Auf der Suche nach alten Bekannten: An der Stirnseite der Windmühlenbreite ein wilhelminischer Klinkerbau in verdrecktem Rot, hier war ich eingeschult worden, von hier schwärmten wir Winzlinge aus über Stoppelfelder, um Ähren zu sammeln. Rechts an der Arendseer Chaussee die Brauerei. In den Eiskeller waren wir vor Bombenangriffen geflüchtet. Meine Mutter wittert hier durch die Gegend: irgendwo auf der anderen Straßenseite war es eine rechte Haushälfte, die Müllers bewohnten. Wohnen sie noch?

14. Da wohnen sie wirklich: die Müllers, beide um achtzig, zur Zeit meiner Geburt als junges Paar mit meinen jungen Eltern befreundet, damals noch kaum halb so alt wie ich jetzt. Das Wohnzimmer, niedrig und klein, überfüllt mit Sofa, Liege und Armsesseln von damals, bezogen mit braunem Mohair. Der Mann lag im Mittagsschlaf, mit einem Walkman am Kopf. Die Frau umarmte mich an der Tür, voll Tränen – ‚Uwe', als sei ich noch sieben, als seien wir gestern verreist und nun wieder da.
15. Das frische Gedächtnis in alt gewordenen Leuten, ein Trost, wie der tiefgestaffelte Garten hinter dem Haus: voll Obst und Gemüse, jährlich erneuert, seit einem halben Jahrhundert. Nun gräbt schon der Sohn die Erde um.
16. Entlang der Chaussee unter den Bäumen liegen Rohre bereit, Anschluß an die Kanalisation. Die alten Klärgruben werden obsolet.
17. Den ‚Fliegerhorst' meines Vaters gibt es noch immer. Erhaben, auf einer Warft im platten altmärkischen Sand: die Radarstation der sowjetischen Luftwaffe, mit kreisenden Schirmen. Hubschrauber fliegen hier, über dem ‚Treffenfeld', dem Exerzierplatz der königlichen Ulanen-Garnison Salzwedel, ein Wirtschaftsfaktor von damals.
18. In Sichtweite der Thurauer Turm: der erigierte Beobachtungspimmel unserer ‚Vornewegverteidigung', nicht minder obszön als der russische Fliegerhorst. Neue Märkte für Abbruchunternehmen.
19. Und Salzwedel I, die Markgrafen- und Hansestadt mit dem Mittelalterflair?
20. Eine intakte Kleinstadt, wie mir schien. Ich erkannte den Karlsturm wieder, als Kulisse, vor der ich einst beim Milchholen sah, wie eine Taube von einem Lastwagen flügellahm gefahren wurde, und es stürzte sich ein Mann vom Fahrrad herab auf sie, drehte ihr das Genick um. Er fuhr einhändig davon, in der anderen Hand den Schwanz der Taube, während ihr Blut kopfüber aufs Kopfsteinpflaster tropfte.
21. Eine intakte Kleinstadt, mit traufenständigen Fachwerkhäusern entlang gebogener Sträßlein. Das alte Gemäuer von Kirchen,

die überbauten Wasserläufe von Jeetze und Dumme mit dem glücklichen Charme unrenovierter Historizität. Altbackene Lädlein des vorigen Jahrhunderts. Selten nur der Designgeschmack des sozialistischen Aufbauwillens, Ende Mai 1990 bereits im Verschwinden begriffen. An drei Stellen: Ausverkauf der Plastik-Objekte einer entfremdeten Lederwarenindustrie. Häufiger schon: die schrille Werbung für leichte Konsumware aus dem Westen, Zeitschriften, Eis, Zigaretten. Kommode Imbißstände kränken das Stadtbild.

Wahrscheinlich hätte ein Salzwedeler ‚Einwohnerbuch' von 1989 strukturell kaum anders ausgesehen, als es 1939 ausgesehen hat – vor allem mit seinem Kapitel ‚Partei, Behörden und Vereine' (zuerst die ‚Nationalsozialistische Deutsche Arbeiterpartei, deren Gliederungen und und Organisationen', dann die 'staatlichen, die Kreis- und städtischen Behörden'). Denn deren antifaschistische Nachfolgeorganisationen folgten nach, und die inhaltliche Umkehrung ihres Vorzeichens hob nicht auf, daß sie strukturell totalitär angelegt sind.

22. Vieleicht wird aus der ‚Straße der OdF' nun die ‚Straße der OdS'? Gewiß nicht. Die ersten Anzeichen der marktwirtschaftlichen Monopololigarchie, die die Stadt umpolen wird, braucht so etwas nicht, es könnte ja geschichtliches Bewußtsein stimulieren.

23. Die Wende ist gründlicher. Das sehenswert ausgestattete Museum der Jenny Marx- v. Westphalen ist zum Zwecke der ‚Rekonstruktion' bereits geschlossen und wird ausgeräumt im Sinne ihrer Abtreibung. Die Täter? Wahrscheinlich dieselben, die es vorher eingeräumt hatten.

24. Bei der Einreise durch die vergangene Sperrgürtelwelt bei Lübbow waren wir nur noch durchgewinkt worden. Als sich die Türme von Salzwedel abzeichneten, erschien im Blickfeld gleichzeitig eine einsame Wallanlage. Es waren die Wälle einer Deponie für giftige Abwässer aus der Salzwedeler Zuckerfabrik. Ein Schild warnte vor Lebensgefahr: über den Wassern der Deponie schwebe der Geist tödlicher Gase. Mitten darin: ein Entenpaar, anscheinend wohlauf. Die Widersprüche sind nicht totzukriegen.

(Erstveröffentlichung).

VI. Salzwedel und und und ...

Und immer noch ist die Kulturgeschichte Salzwedels nicht erschöpft. Was ließe sich nicht noch alles anführen, von Theodor Fontane, der sich bei Danneil für seine „Wanderungen" schlau machte und seine Grete Minde anfangs in Salzwedel ihr Unwesen treiben lassen wollte (Catsch, S. 112), über Karl May, der auf der „Flucht" von Gartow nach Radebeul hier den Zug verpaßte (Kahrs, S. 49-54), bis zu Peter Hacks, der hier zweitweilig lebte, sowie dem „Zirkel Schreibender Arbeiter", der am 1. April 1990 sein dreißigjähriges Bestehen feierte und dessen wechselvolle Geschichte anhand seiner Texte im „Altmärkischen Heimatkalender" verfolgt werden kann.

Doch ein zünftiger Schluß zu Salzwedel muß Kunst und Genuß verbinden, muß die größte Berühmtheit dieser Stadt nennen:

Georg-Oswald Cott

Laubfeuer

Der erste Nachtfrost
im September

Laubfeuer tarnen
Erntekombinen
sie erzählen
Legenden

es gäbe Fische
die über Land gehen
auf Salzwedel zu

sein schiefer Turm
fällt und fällt nicht

die Bäcker im Ort
verlieren die Scheu
vor der Statik

ihre Baumkuchen
stehen kopf
und locken
die Leute aus Lüchow.

ⓘ Salzwedel, ca. 24000 Einwohner, an Jeetze und Dumme gelegen. Ehemaliges Altstädter Rathaus (heute Kreisgericht), Turm des früheren Neustädter Rathauses von 1585. Im alten Franziskanerkloster an der Mönchskirche (früher Gymnasium) das heutige Rathaus. Lorenzkirche (um 1200), Marienkirche mit zahlreichen Kunstschätzen; nebenan die ehemalige Propstei, das heutige Danneil-Museum. St.Katharinen-Kirche der Neustadt. Museum über die Familie Marx im ehemaligen Landratsamt. Bergfried der Burg, Reste der Stadtmauer; Steintor und Neupervertor, Karlsturm. Alte Münze, zahlreiche Fachwerkfassaden, Hafengelände an der Hohen Brücke.

Literatur:
Hanns H.F.Schmidt, Die Altmark. Ein Lesebuch. Hinstorff Verlag, Rostock 1988
ders., Skizzen aus der Altmark. Greifenverlag, Rudolstadt 1978, bes. S. 283ff
Rat der Stadt Salzwedel(Hg.), Aus der Geschichte der Stadt Salzwedel. Salzwedel 1983
Hermann Dietrich und Ludolf Parisius, Bilder aus der Altmark. Hamburg 1883, Band 1, Kapitel Salzwedel S. 140-211
Charlotte von Saurma, Salzwedel. Ein Ausflug in die kleine graue Welt. In: Merian-Heft „DDR-Extra“ (1990). S. 10-11
Andreas Neuling, Sagen und Legenden der Altmark. Neu erzählt. Mit zahlreichen Holzschnitten des Autors. Salzwedel 1987 (1989)
Sagenhaftes in Wort und Bild. Andreas Neuling schrieb Altmark-Sagen neu (Rezension). In: Elbe-Jeetzel-Zeitung v. 10. 4. 90
Matthias Matussek, Geisterfahrt im Leseland (über Neuling und Salzwedeler Buchhandlungen). In: Der Spiegel, Nr.8 v.19. 2. 1990
Friedrich Meinecke, Erlebtes 1862-1901. Leipzig 1941, bes. S. 11- 41

Ina Conradi (d.i. Conradine Zechlin), Das Nönnlein im Sechsmädelhaus. In: „Unsere Altmark". Sonntagsunterhaltungsbeilage des „ Salzwedeler Wochenblattes" 1929

Heinrich-Detloff von Kalben, Die Altmark. Wiege Brandenburg- Preussens. München 1959, S. 114 (Meinecke) und 103f (Danneil)

Bosl/Franz/Hofmann(Hg.), Biographisches Wörterbuch zur deutschen Geschichte. 2. Band, München 1974, S. 1863-1864

Theodor Fontane, Grete Minde. Hrsg. v. A. Catsch, Ullstein Verlag, Berlin 1986

Peter Fischer, Johann Friedrich Danneil 1783-1983. In: Altmärkischer Heimatkalender 1983, S. 70-73

Hans Schmidt, Friedrich Ludwig Jahn – Stationen seines Lebens in Salzwedel. In: Altmärkischer Heimatkalender 1982, S. 53-56

Wolfgang Schröder (Hg.), Sie können sich denken, wie mir oft zu Muthe war.
Jenny Marx in Briefen an eine vertraute Freundin. Leipzig 1989

Wolfgang Schwalbach, Jenny Marx, bedeutendste Tochter der altmärkischen Stadt Salzwedel. Biographische Skizzen. Salzwedel o.J.(ca. 1988)

Wendelgard von Staden, Nacht über dem Tal. Eine Jugend in Deutschland. Eugen Diederichs Verlag, München 1979

Wilhelm Harnisch, Mein Lebensmorgen. Zur Geschichte der Jahre 1787-1822. Nachgelassene Schrift, hrsgg. v. H. E. Schmieder. Berlin 1865

Günter Rodegast und Luise Pansegrau, Ein Pestalozzi aus Wilsnack. Zum 200. Geburtstag des Pädagogen Dr. Wilhelm Harnisch. In: Prignitzer Heimat, Heft 2/1987, S. 21-22

Peter Warwerzinek, Zweimal Salzwedel und zurück. Beobachtungen in der Altmark. In: Sonntag. Die kulturpolitische Wochenzeitung. Ausgabe 18/1988, Leserbriefe in den darauffolgenden Ausgaben; Teilabdruck der Reportage in: Hannelore Kleinschmidt, Die DDR entdecken. Reiseziele zwischen Eisenach und Stralsund. Verlag Wissenschaft und Politik, Köln 1989, S. 146-149

Uwe Herms, Salzwedel: Eine Erinnerung. Erstdruck (c) Uwe Herms

Axel Kahrs, Wendland literarisch. Davids Drucke Verlag. Göttingen 1985, S. 49-54 (Karl May in Salzwedel)

Altmärkischer Heimatkalender. Hrsgg. v. einem Redaktionskollektiv, Salzwedel, Jg. 1980-1989, darin Beiträge von Sommerfeld, Menk, Dobinski, Schneevoigt, Buchholz, Schwarz und anderen Mitgliedern des „ Zirkels schreibender Arbeiter"(ab 1990: „Zirkel Schreibender") Salzwedel

Georg Oswald Cott, Laubfeuer. In: Blindwege - Gedichte zur deutschen Geographie. Erstsendung Radio Bremen v. 12. 11. 89.

Im kleinen Haus an der Kassiecker Dorfstraße Nr. 29 wurde Willi Richard Fehse am 16. Mai 1906 geboren, hier wuchs er auf, hier schrieb er als Kind die ersten „blutigernsten Tragödien", die er mit seinen Geschwistern aufführte.

Die Holzbrücke am Sekantgraben, Schauplatz einer „Schlacht" zwischen der Berkauer und der Kassiecker Jugend, ist durch ein neueres Modell aus Beton und Eisen ersetzt worden, ansonsten hat sich landschaftlich wenig verändert seit den Kindertagen Willi Fehses.

Kassieck

Willi Fehses Dorf zwischen den Mooren

„Kassieck ist, wenn ich damit beginnen darf, ein kleines altmärkisches Dorf, in dem ich aufgewachsen bin" (Fehse, Hausmedizin, S. 49).

Ein normales, durchschnittliches Dorf, wie man es dutzendweise in der Gegend um Gardelegen findet: ein, zwei Straßen, in der Ortsmitte die Kirche mit den gepflegten Gräbern auf dem angrenzenden Friedhof, dahinter das etwas verwahrloste Kriegerdenkmal. An der Straße gegenüber die Gaststätte „Zur Weinrebe" im Hinterdorf. Ein altes Schulhaus, das heute den Rat der Gemeinde beherbergt, ein praktischer Arzt, eine Tierarztpraxis, eine Gemeindebücherei, das Spritzenhaus der Freiwilligen Feuerwehr am Fuße des Mühlenberges; viel Fachwerk, dazwischen der Rauhputz aus der Modernisierung letzter Jahre, Metallgitter haben die Staketenzäune abgelöst – augenscheinlich hat sich nur wenig verändert, seit der Schriftsteller Willi Richard Fehse am 16. Mai 1906 hier im kleinen Haus an der Dorfstraße 29 geboren wurde. Sogar der uralte Birnbaum im Vorgarten blüht schon wieder im April des Jahres 1990, die Scheune nebenan zeigt im Giebel immer noch die von Fehse verfaßte Inschrift.

Kassieck, das war die kleine, aber nicht immer heile Welt, wie sie in den späten Jahren des Rückblicks vom Autor Fehse beschrieben wurde; sein Erzählband „Die Hausmedizin" (erschienen 1971) bringt im ersten Teil neunzehn Geschichten aus fernen Kindheitstagen. Noch einmal lebt in der Erinnerung die dörfliche Welt vor dem 1. Weltkrieg auf, bestimmen Jahreszeit, Feldarbeit und Brauchtum den Lebensrhythmus. Die Großmutter gehört wie die Magd Meta zur Familie, früh schon müssen Willi und seine drei Brüder bei der Hopfenernte mithelfen, feiern sie Pfingsten mit Maienkönig, Fiestenmaier und Hunnwärtel. Da taucht Wallstawe auf, der Krämer und Hausierer, oder Mattkau, der Lumpensammler. Fehses Jugendjahre nahmen den üblichen, alltäglichen Lauf, kleine „Katastrophen" bringen den ersten Schmerz, Abenteuer und Liebesleid wechseln einander ab, und nichts würde auf etwas „Buchenswertes“ hindeuten, wäre da nicht der Vater, dem der Sohn in der „Hausmedizin“ ein literarisches Denkmal setzt.

August Fehse, 1878 geboren, hat sich aus kleinen Verhältnissen hocharbeiten müssen, nach einer bitteren Jugend lernte er als Fabrikarbeiter in der Großstadt eine Welt kennen, die sich radikal von der Kassiecker Landidylle unterschied. Auch nach der Rückkehr ins Dorf bleibt August Fehse seinen neuen Überzeugungen treu: der Humanität und Nächstenliebe verpflichtet, ein Freund der Literatur, Verächter des Krieges und der Gewalt, versucht er, seine Kinder in diesem Geist zu erziehen. Der Sohn hat in der Geschichte „Der Friedensschluß am Sekantsgraben“ ein Beispiel dafür gegeben:

„Berkau und Kassieck sind Nachbarorte im Altmärkischen. Ihre Ländereien werden durch ein Flüßchen getrennt, das wir Holz- und Sekantsgraben nannten.

Seit altersher waren beide Gemeinden miteinander verfeindet, und das kam, wie mir mein Vater einmal erklärte, daher, daß früher immer wieder, bald von dem einen, bald von dem andern Teil, die Weidegerechtsame verletzt wurden.

Von allem die Jugend pflegte die Erbfeindschaft, und in meiner Kindheit zogen wir denn im Frühling oder im Sommer zum Sekantsgraben, um die Berkauer aufzupuffen.

Darunter verstanden wir das Herausfordern zum Kampf, das Reizen und Rüpeln, mit dem sich schon die homerischen Helden gegenseitig in Rage brachten, bevor sie tätlich wurde.

Eines Sonntags hatten wir uns denn auch bis an die Holzbrücke vorgewagt, die an der Grenze beider Dorffluren über den Sekantsgraben führte. Ja, wir drangen darüber hinaus in das feindliche Gebiet ein, das sich mit Wiesen und Weiden, Mooren und Äckern oder kleinen Erlen-, Eichen- und Birkenwäldern bis zu den ersten Gehöften und Häusern hinzog. Hier riefen wir im Chor die alte Herausforderung: ‚He rup! Berkauer kommt mal rup!‘ – wobei wir in einer Art von rhythmischem Singsang behaupteten, daß die Gegner alte Jammerlappen seien und die krepierten Katzen der Kassiecker fräßen“ (Fehse, Hausmedizin, S. 54).

Die Berkauer kommen tatsächlich, bieten aber Frieden an. Schon scheint die traditionelle Fehde zwischen der Dorfjugend beigelegt, als ein älterer Berkauer Bursche auftaucht und die Waffenruhe stört; bewußt setzt er auf den Konflikt und zerschlägt den neuen Strohhut des Fehse-Freundes Fritz Köhn:

„Aus einiger Entfernung beobachteten wir dann unter lauten Protesten, wie der rohe Flegel den Strohhut auf einen Pfahl hing. Zwar machte niemand Anstalten, uns nachzulaufen; aber es war doch festzustellen, wie die Kriegspartei bei den Berkauern sichtlich die Oberhand über die Friedensanhänger gewann; denn mit vereinten Kräften droschen die meisten jetzt auf die unschuldige Trophäe los.

Fritz Köhn war dem Weinen näher als dem Lachen, ließ sich aber nichts ankommen, als die Berkauer schließlich mit dem zerstörten Beutestück abzogen.

‚Trollt euch heim zu euren krepierten Katzen ihr Kassiecker', verhöhnten sie uns noch, ‚und laßt euch nie wieder blicken!'

Kleinlaut schlichen wir dann nach Haus.

‚So ist es!' sagte mein Vater, als ich ihm am Abend das Erlebnis berichtete. ‚Wenn sich die Menschen vertragen wollen, findet sich immer wieder ein Rüpel, der das verhindert und sie mit seinem Willen um den gesunden Verstand bringt. Das kannst du dir merken!'

Und wahrhaftig, ich habe es mir gemerkt. Dafür sorgte schon das Schicksal, das die Worte meines Vaters später oft genug bestätigt hat – im Leben der einzelnen wie im Leben der Völker“ (Fehse, Hausmedizin, S. 57.)

Der Vater ist es auch, der dem Sohn in späteren Jahren entscheidende lterarische Impulse gibt. Als er 1919 aus der Kriegsgefangenschaft heimkehrt, empfiehlt er dem neugierig fragenden Sohn den Band „Der Mensch ist gut“ als Lektüre: jenes radikalpazifistische Buch des Kriegsdienstverweigerers Leonhard Frank, 1920 mit dem Kleist-Preis ausgezeichnet, heute fast vergessen.

Für Willi Fehse blieb dieses Werk ein prägendes Erlebnis: Er, der schon früh Bücher verschlang, „blutigernste Tragödien, die alle vier Rollen (für ihn und die Geschwister! A.K.) hatten“, schrieb und in der Heimatzeitung „Verse und Gedanken eines Fünfzehnjährigen“ abdrukken ließ, fand nun den Zugang zu seinem Lebensinhalt, der Literatur.

Während der Zeit der Präparandie in Genthien lernte er Walter Hasenclever kennen, 1926 geht er nach Berlin, wo er zusammen mit Klaus Mann die „Anthologie jüngster Lyrik“ herausgibt. Es folgen Novellen- und Gedichtbände; als Mitglied im „Kreis der Zwölf“ beim Hamburger Rundfunk arbeitet er mit Manfred Hausmann und Ernst Gläser zusammen. Sein Hörspiel „Justizwillkür ges. gesch.“ wendet sich gegen antisemitische Tendenzen der Zeit.

Die „Machtergreifung“ von 1933 bringt den Bruch mit einigen Freunden; während Willi Fehse in Deutschland bleibt und weiter Bücher schreibt, gehen Kollegen wie Klaus Mann, der noch 1931 Fehses Novelle „Flucht vor dem Alter“ rezensiert hatte, ins Exil, der Kontakt reißt ab.

Nach dem zweiten Weltkrieg verläßt Willi Fehse 1948 die damalige Ostzone und geht nach Göttingen, wo er später Rektor der Hölty-Schule wird. Am 2. März 1977 stirbt Willi Fehse, begraben ist er auf dem Friedhof Junkernberg in Göttingen. Zurück bleibt sein umfangreiches Werk von über vierzig Büchern; Gedichte und Prosa, Essays und Biographien, Jugenderzählungen und Anthologien.

Hermann Kesten, der große Kollege, rühmte an Willi Fehse „die Erztugend aller Pädagogen – nämlich das Doppeltalent, begeistert zu sein und seine Begeisterung so mitzuteilen, daß sie ansteckt“ (Kesten). Und der PEN-Club würdigte im Nekrolog sein verstorbenes Mitglied als „den geborenen homme de lettre, ... ein liebender Sammler, Herausgeber, Interpret und Vermittler von Literatur“ (Schlüter, S. 249). Die DDR dagegen nahm von Willi Fehse, der sich in seinen Gedichten für Dubcek einsetzte und langhaarige rebellische Jugendliche gegen alt gewordene Wandervögel verteidigte, keine Notiz. Seine Bücher, darunter die „,Liebeserklärung an die Mark Brandenburg – ein Europa in nuce“, durften in seiner Heimat nicht erscheinen, sein Name taucht in den einschlägigen Lexika nicht auf. So nimmt es denn auch nicht Wunder, daß in Kassieck Fehses Wirken bis vor kurzem fast unbekannt war. Aber immer noch führt die (allerdings neugebaute) Brücke über den Sekantsgraben, und auf dem Friedhof liegen die Gräber seiner Eltern und seines gefallenen Bruders, dem Willi Fehse ein Gedicht widmete:

Du reichst mit die unversehrte
Hand zum Fenster herein.
Immer wird die Gebärde
mir im Gedächtnis sein.

(...) (W. Fehse, Abschied auf dem Bahnsteig)

Und wer die Gegend um das Elternhaus im Hinterdorf durchstreift, wer am Holzgraben die Weite der Moorlandschaft erfährt, versteht vielleicht die Liebeserklärung Willi Fehses an eine Heimat, die ihren Dichter zwar vergessen hat, aber von ihm nicht vergessen wurde:

Erinnerung an ein Dorf

Es ging dir nie verloren –
sein Name wurde Musik –
das Dorf zwischen den Mooren
und Wiesen: Kassieck.

Vergißt du jemals die Bäume
bei den Häusern am Bach?
Bis in die fernsten Träume
rauschen sie dir nach.

Was du hier einmal erfahren
in deiner Kindheit Licht –
nichts aus den späteren Jahren
überwächst sein Gesicht.

Fühle nur, wie im Entschweben
es sich lächelnd enthüllt!
Wer sagt, was von unserm Leben
Schatten ist oder Bild?

(Willi Fehse)

Literatur:
Willi Fehse, Die Hausmedizin, Sechsundsechzig Geschichten aus aller Welt. Frankfurt 1971 (Verlag das Viergespann). Darin: Kapitel I „Von jener Jugend, die uns nie entfliegt ...", S. 9- 78; „Der Friedensschluß am Sekantsgraben", S. 54-57; „Es gibt immer zu schaun... Ein Selbstporträt", S. 251-256

ders., Das Herbstlicht. Gedichte. Frankfurt 1972 (Verlag Das Viergespann). Darin: „Erinnerung an ein Dorf", S. 14, „Abschied auf dem Bahnsteig", S. 17; ausführliches Werkverzeichnis im Anhang, Rezension von Hermann Kesten

ders., Die Mark Brandenburg. Frankfurt o.J. (Verlag Das Viergespann), Sonderdruck aus „Liebeserklärung an Europa", Frankfurt 1969; ursprünglicher Titel: „Die Mark Brandenburg - ein Europa in nuce"

Hermann Schlüter, (Nekrolog auf Willi Fehse). in: Martin Gregor- Dellin (Hg.), PEN-Bundesrepublik Deutschland. Seine Mitglieder, seine Geschichte, seine Aufgaben. München 1978, S. 249-250

„Die Dich beschrieben, gingen nicht gerade sanft mit Dir um: Für Kurt Tucholsky hattest Du das Aussehen eines schlecht rasierten Droschkenkutschers in einem unmöglichen Frack und ausgelatschten Stiefeln, sahst Du aus wie ein Kuhbauer und machtetst ein dummes Gesicht, ein mildleuchtendes, unbeteiligtes Mondgesicht . . .“ (Herbert Becker)

Gardelegen

Ein Exportschlager namens Otto Pfützenreuter

Zugegeben, die meisten werden „Garley“ als den Exportschlager Gardelegens bezeichnen, jenes süffige Bier, das schon Zar Peter der Große bei der Durchreise genoß und das der Gardelegener Dichter Wilhelm Bornemann – von ihm stammt immerhin „Im Wald und auf der Heide“ – in seinen Versen pries:

Garlei – wer kennt ut olle Tied
nich dat söt, starke Beer?
Verfahren worden et breet un wiet
in alle Welt ümher.
(...)
De Garlei ging dörch Been un Mark
met Kraft, denn Kraft was drin.

(Bornemann, Altmärker)

Doch der wahre „Schlager“ kommt wohl aus der Sandstraße in der Altstadt: hier wurde am 24. April 1870 als Sohn eines entlassenen Soldaten und Gastwirtes jener Otto Pfützenreuter geboren, der später unter dem Künstlernamen „Otto Reutter“ berühmt wurde.

Seine Heimatstadt hat ihm nicht viel Kultur und Anregung bieten können. Gardelegen lebte damals mehr in der Vergangenheit als in der Gegenwart; ein wenig Obst- und Gemüseanbau, eine Perlmuttknopffabrik, die Ulanenkaserne – man blieb unter sich in der Altstadt, umgeben vom ehemaligen Festungswerk, dessen Zerstörung Christoph Schultze 1658 beklagte:

Die Wälle sind geschleift, die Gräben ausgefüllet,
Die Tore ruiniert, dahinter sich verhüllet,
darhinter sonst sich barg die lieb und werte Stadt.
Das ist nun allerdings gemachet platt und glatt.

(Schultze, Auf Befehl)

Lediglich eine fahrende Theatertruppe brachte dem jungen Pfützenreuter etwas von jener verruchten weiten Welt, in die es ihn später zog: Otto Reutter, wie er sich nun nennt, bricht aus der Enge der ungeliebten kaufmännischen Lehre aus, um außerhalb der geschleiften Stadtmauern eine künstlerische Karriere zu beginnen: Als Chansonnier führt sein Weg steil nach oben, Engagements in verschiedenen Großstädten bringen ihn 1899 nach Berlin in den legendären „Wintergarten", das wichtigste Varieté der Jahrhundertwende.

Die Einschätzungen seiner Bewunderer und Biographen zeugen noch heute von der Ausstrahlungskraft, die von Reutter ausging. Man sprach von ihm als dem „großen Klassiker seines Faches", durch den „eine neue Epoche des deutschen Varietés eingeleitet" worden sei (Henke, S. 166,167).

Sein größter und zugleich kritischster Verehrer war Kurt Tucholsky, der Reutter über lange Jahre hinweg mit wohlwollender Distanz betrachtete; die Kriegsbegeisterung des Sängers, der für das Palast-Theater am Zoo die Revue „1914" schrieb, fällt bei „Tucho" als „geradezu furchtbare Monstrosität an Siegesgewißheit" durch (Tucholsky, Bd. 3, S. 7).

Aber nachdem Reutters einziger Sohn 1916 bei Verdun gefallen war und seine Ersparnisse von der Inflation vernichtet wurden, muß der Chansonnier – um ein paar bittere Erfahrungen reicher – wieder auf die Bühne, obwohl er sich schon 1918 die Waldschnibbe bei Gardelegen als Alterssitz gekauft hatte. Nun entstehen jene Couplets, die Tucholsky so schätzte: „Der Überzieher", „Bevor du sterbst", „Sei modern", „Ick wundre mir über jarnischt mehr" und „In fünfzig Jahren ist alles vorbei". Wenn Reutter diese Lieder vortrug, war die Wirkung auf das Publikum im wahrsten Sinne des Wortes umwerfend:

„Welch ein Künstler –! Alles geht aus dem leichtesten Handgelenk, er schwitzt nicht, er brüllt nicht, er haucht seine Pointen in die Luft, und alles liegt auf dem Bauch. Ein Refrain immer besser

als der andere – wie muß dieses merkwürdige Gehirn arbeiten, daß es zu jeder lustigen Endzeile immer noch eine neue Situation erfindet (...). Und dazu ein Mondgesicht, unbeteiligt, mild leuchtend durch die Wolken – was soll man dazu sagen? Die Leute sagen auch gar nichts, sondern liegen unter dem Tisch“ (Tucholsky, Bd. 3, S. 8).

Ein wenig hat Tucholsky den Otto Reutter immer gegen dessen Heimat ausgespielt; „Ja gewiß“, hieß es dann, „er stammt aus Norddeutschland, sehr graziös ist das alles nicht“ (Tucholsky, Bd. 10, S. 34), oder, noch direkter: „Wenig Erbmasse half ihm weiter, er war aus Gardelegen in der Altmark, und so sang er auch. Und doch ... wie gut hat er das gemacht!“ (Tucholsky, Bd. 10, S. 35).

Gut zehn Jahre blieben Reutter nach dem Neuanfang; am 31. März 1931 holt ihn, nach über tausend selbstgeschriebenen, komponierten und vorgetragenen Liedern, der Tod von den Brettern, die ihm die Welt bedeuteten:

Und fürchte dich nie, ist der Tod auch nah,
je mehr du ihn fürcht'st, um so eh'r ist er da.
Vorm Tode sich fürchten, hat keinen Zweck,
man erlebt ihn ja nicht, wenn er kommt, ist man weg.

Auf dem Gardelegener Friedhof haben sie ihm nördlich der Kapelle ein Grabmal errichtet; ein Travertin-Tempel mit Büste und Ehrenpforte. Links von ihm, auf dem Soldatenfriedhof, liegt sein Sohn, rechts finden sich die Gräber russicher Kriegsgefangener, daneben Überreste des zerstörten jüdischen Friedhofs – Zeugen der deutschen Geschichte im 20.Jahrhundert. Da, wo sein Elternhaus stand, gibt es heute eine „ Otto-Reutter-Klause“ an der Ecke Sandstraße – Salzwedeler-Tor-Straße, doch eins vermißt man beim Bummeln:
Gardelegen hat seinem größten Sohn bislang keine Straße in der Altstadt gewidmet – war er zu frech, zu kritisch oder, 1914, zu verirrt? Reutter jedenfalls hat seine Heimat ein Leben lang nicht vergessen:

„Die Beziehung zur Geburtsstadt, eine Liebe war's eigentlich, blieb. Immer wieder kehrt Otto Reutter hierher zurück, um sich in der beschaulichen Stille der abgelegenen Kleinstadt wohlig zu aalen, Kraft zu tanken, zu beobachten, Anregungen für Couplets zu sammeln, Freunde, alte und immer wieder auch neue, um sich zu scharen, zu feiern, Unfug auszuhecken und zu praktizieren, dem Gardelegener Bier zuzusprechen" (Naumann, Der Dicke, S. 6).

Und auf dem Teppich geblieben ist er auch, der ehemalige Otto Pfützenreuter: „Ich hatte früher mal den Größenwahn, bis ich an ein Varieté kam, wo ein dressierter Affe besser gefiel als ich" (zitiert bei Tucholsky, Bd. 10, S. 37). Wäre so einer nicht einen Gardelegener Straßennamen wert?

Nachtrag: Goethes Weimar hat das KZ Buchenwald nicht verhindert, heißt es in kritischer Einschätzung der Wirkung von Literatur. Auch Reutters Spitzen gegen die Politik haben nicht vermeiden können, daß in der Nähe Gardelegens, in Isenschnibbe, am 13. April 1945 eines der grausamen Verbrechen der Nazis verübt wurde. Von einem langen Leidensmarsch erschöpfte KZ-Insassen wurden dort in die Feldscheune eines nahe gelegenen Gutes gesperrt. Was dann geschah, schildert einer der wenigen Überlebenen, George Cretin.

„Kaum waren wir alle eingetreten, als die Türen sich schlossen und das Stroh sofort Feuer fing. Was geht vor? Einige Kameraden ersticken das Feuer mit ihren Decken, aber sofort öffnet sich eine Tür, ein SS-Mann, der eine Fackel trug, machte einige Schritte und legte aufs neue Feuer in das Stroh, während andere SS-Männer uns mit Gewehren, Maschinengewehren und Handgranaten beschießen. Dieses Mal, man hat es begriffen, ist es die Vernichtung" (Cretin, S. 71). 1016 Menschen aus zwölf Ländern sterben qualvoll. Wer heute die Gedenkstätte besucht und vor den Reihen der weißen Holzkreuze steht, der weiß: Auch nach fünfzig Jahren ist nicht alles vorbei – hier irrte Reutter.

ⓘ Gardelegen, 13 000 Einwohner, ehemalige Hansestadt, Rathaus aus dem 16. Jahrhundert, sehenswertes Salzwedeler Tor. St.-Marien- und St.-Nikolai-Kirche, Heimatmuseum, Freilichtbühne, Tiergehege. Gedenktafeln für die Dichter Tiedge (1752-1841) und Bornemann (1766-1851).
Im Osten der Stadt die Mahn- und Gedenkstätte Isenschnibbe mit Mauerresten der ehemaligen Scheune, Gedenkhalle und Gräberfeld.

Literatur:

Unsterbliche Reutter-Vorträge, Band 1-5, Köln o.J.

Helga Bemmann, Ick wundre mir über jarnischt mehr. Eine Otto- Reutter-Biographie. Berlin (Ost) 1985

Matthias Henke, Die großen Chansonniers und Liedermacher. Wichtige Interpreten, bedeutende Dichtersänger. Düsseldorf 1987. Stichwort Reutter S. 14, 166-169

Kurt Tucholsky, Gesammelte Werke in zehn Bänden. Hrsgg. von Mary Gerold-Tucholsky und Fritz J. Raddatz. Reinbek 1960. Band 3, Otto Reutter, S. 7-8; Band 10, Otto Reutter, S. 32-37

Ulrich Naumann, Der Dicke aus Gardelegen. In: Unsere Altmark. Heimatblatt für Altmärker in der Bundesrepublik Deutschland. Nr. 189, Heft 3, 1986, S. 6

Herbert Becker, Otto Reutter: Gardeleger Heimatgeschichten. Hrsgg. vom Rat der Stadt Gardelegen. Gardelegen o.J.

Wilhelm Bornemann, Aus dem Gedicht „Altmärker“. In: Die Altmark. Ein Lesebuch. Hrsgg. von Hanns F. Schmidt. Hinstorff Verlag, Rostock 1988 S. 38; dort auch:

Christoph Schultze, Auf kurfürstlichen Befehl müssen Gardelegens Mauern geschleift werden. 1658, S. 70

George Cretin (Bericht über Isenschnibbe, ohne Titel), in: Konzentrationslager in Hannover 1943-1945. Ausstellungskatalog der Ausstellung im Kubus. Hrsgg. vom Kulturamt der Landeshauptstadt Hannover. Hannover 1983, S.71

die Statue Winckelmanns, der schon Fontane eine gewisse Überlast des Mantels attestierte.

Winckelmanns Jugendjahre in Stendal, Salzwedel und Seehausen waren von Entbehrungen und Beschränkungen gekennzeichnet, erst in Rom konnte sich sein Talent entfalten.

Stendal

Die Ein-Mann-Show des Johann Joachim Winckelmann

Da, wo heute das Winckelmann-Denkmal inmitten von Blumenrabatten den Eindruck klassischer Gelehrsamkeit vermittelt, schlachtete ein vor Hunger halb wahnsinniger Soldat in Lorenz Büschels Haus in der Bruchstraße ein Kind und verspeiste es - Grauensszenen aus dem 30jährigen Krieg, der Zeit des endgültigen Niedergangs der einst blühenden Stadt Stendal. Marodierendes Militär und eine Pestepidemie von 1682, die über tausend Menschen das Leben kostete, ließen die Stadt, die längst aus der Hanse ausgeschieden war, zum Dorf, zur wüsten Stätte werden, in deren wenigen intakten Hütten sich gerade noch zweitausend Menschen fanden – 1694 zieht ein Wolf durch die Ruinen und verfallenen Anlagen.

In diese Welt hinein wurde Johann Joachim Winckelmann geboren, heute als „berühmtester Sohn der Stadt" gefeiert, die mit Stolz verkündete, sie habe „dem Abendland den Erforscher des Altertums geschenkt". Doch nicht immer decken Nachruhm und zeitlicher Abstand mit gnädigem Schweigen all das zu, was so gar nicht in das auf Harmonie und Größe abgestellte Bild berühmter Persönlichkeiten paßt:

„In den verödeten Straßen wuchs das Gras, und die meisten Häuser waren so primitiv wie dasjenige der Familie Winckelmann in der Lehmstraße, die jetzt Winckelmannstraße heißt. Das Haus Nr. 263 ist längst renoviert, vergrößert und in ein Museum verwandelt worden. Aus Lehmfachwerk gebaut und mit Stroh gedeckt, besaß es einst nur zwei Fenster, deren bleigefaßte Scheiben den Innenraum, der als Werkstatt, Schlafzimmer, Küche, Eß- und Wohnzimmer diente, kümmerlich genug erleuchtet haben mögen. Die Versuchung liegt nahe, über Winckelmanns Erbgut zu spekulieren, wie es diejenigen Forscher taten, die in ihm Züge eines angeblich vom Vater stammenden ‚schlesischen Mystizis-

mus' oder auch des von der Mutter ererbten ‚gesunden preußischen Menschenverstandes' entdeckten, oder sich gar in Vermutungen über frühe Kindheitserlebnisse zu ergehen, die ihn homosexuell werden lassen ‚mußten'. Im übrigen war er so wenig mystisch wie sein Vater Schlesier war, denn der wurde nur deshalb in Brieg geboren, weil sein aus Stendal stammender Vater, der Schuhmacher Nikolaus Winckelmann, sich dort ein paar Jahre aufgehalten und verheiratet hatte, was mit einiger Sicherheit aus der unter den Familienpapieren erhaltenen Nachricht von der Verlobung der Eltern entnommen werden kann: ‚Anno 1715, 25. Martij, war der Tag der Verkündigung Mariae, bin ich mit der viel Ehr und tugendt begabten Jungfer Anna Maria Meyrin, H. Joachim Meyers und Frau Margaritha Ebels Jungfer Tochter im Beyseyn Beyderseits Eltern ehrlich als rechtschaffenen Eheleuten gebühret, verlobt und versprochen worden', und zwei Jahre später die Ankündigung der Geburt des Sohnes: ‚Anno 1717 am Tage Joachimij, welches war der 9.Dezembr., des morgendts zwischen 6 und 7 Uhr, ist unser gelibtes Söhnlein Johann Joachim auf diese Welt gebohren und den 12. Dezembr., also am 3.Advents-Sonntage durch die heylige Taufe dem Herrn Jesu Christo, in seyne Gemeinde einverleibet worden'. Von Eintragungen dieser Art abgesehen, wissen wir so gut wie nichts über die Mutter, die Tochter eines ortsansässigen Webers und Tuchhändlers namens Meyer, oder über die väterlichen Ahnen, die seit Generationen Handwerker in Stendal gewesen waren. Beide Elternteile starben, als der Sohn noch ein junger Mann war. Sie müssen aber große Erwartungen in ihn gesetzt haben, denn sie erlaubten ihm zu studieren, anstatt ihn einem Schuhmacher oder Weber in die Lehre zu geben. Vielleicht hofften sie, daß er Lehrer, ja am Ende sogar Pastor werde.

Die erste Gestalt, die zumindest vorübergehend aus diesem Dunkel als Persönlichkeit aufleuchtet, ist die des Rektors der Stendaler Schule, Esaias Wilhelm Tappert, der 1733 erblindete und den jungen Winckelmann als Vorleser und Gehilfen zu sich ins Haus nahm. Das eigentliche Schulgeld verdiente sich der Junge durch Kurrende-Singen, indem er, wie einst Luther oder noch

Bach, mit einem Chor herumzog und die musikalische Begleitung zu Taufen oder Begräbnissen lieferte.

Der Chor, dem er angehörte und den er zeitweilig, da er Orgel spielen konnte, sogar leitete, sang nur auf lateinisch, um sich von anderen solchen Gruppen abzusetzen. Diese Tätigkeit dürfte Winckelmann einige Selbstüberwindung gekostet haben; sonst hätte sie in ihm wohl nicht eine lebenslängliche Abneigung gegen musikalische Darbietungen ausgelöst“ (Leppmann, S. 31-32).

Der Rektor ist es auch, der Winckelmann 1735/36 den Besuch des Cöllnischen Gymnasiums in Berlin ermöglicht. Von da ab führt sein Lebensweg über die Stationen Salzwedel und Seehausen (vgl. Kapitel Seehausen) weg von der Altmark, über Jena, Halle und Dresden nach Rom, wo er als Bibliothekar und Archäologe die Grundlagen eines völlig neuen Bildes der griechischen Antike schuf – bis heute ist sein Satz von der „edlen Einfalt und stillen Größe“ (Gedanken, S.17) geläufig als das Schönheitsideal der deutschen Klassik.

Der Mord an Winckelmann durch den Italiener Arcangeli am 8. Juni 1786 in Triest beendete abrupt eine kometenhafte Karriere. Johann Wolfgang Goethe hat schon mit dem Titel des Buches „Winckelmann und sein Jahrhundert“ dem großen Forscher Reverenz erwiesen; diese mustergültige Charakterstudie verhehlt aber auch nicht Winckelmanns Unsicherheit, seine Angst vor allem Fremden, die Rastlosigkeit und den Selbstzweifel – Eigenschaften, die auch auf die frühen Jahre in Stendal zurückzuführen sind, wo er „beinahe in allem sein eigener Lehrer gewesen“ sei. Goethes Bilanz: „Eine niedrige Kindheit“ (Goethe, Winckelmann, S. 86 u. 20).

Umso größer ist die Leistung zu bewerten, die Winckelmann erbrachte, und das treffendste, klug differenzierende Urteil fällte Goethe im Gespräch mit Eckermann: „Er ist dem Kolumbus ähnlich, als er die Neue Welt zwar noch nicht entdeckt hatte, aber sie doch schon ahndungsvoll im Sinne trug. Man lernt nichts, wenn man ihn lieset, aber man wird etwas“(Eckermann, S. 222). Der Vorbildcharakter Winckelmanns spiegelt sich so in der Bemerkung des jungen Hoffmann von Fallersleben, er wolle „ein zweiter Winckelmann“ (Killy) werden.

So ist denn auch bald in Stendal der Weg freigegeben für Verehrung und Idealisierung. Als in Triest ein Winckelmann-Denkmal errichtet wird, wollen die Stendaler gleichziehen. Der Landgerichtsdirektor Klee wird 1826 beauftragt, in dieser Angelegenheit eine Autorität zu befragen – natürlich den Geheimrat Goethe. Der reagiert mit einer bürokratisch verfaßten Vorschlagsliste „zur Einleitung und Führung des Geschäftes, ein Denkmal dem berühmten Winckelmann in seiner Vaterstadt Stendal zu errichten“ (Brief v. 17.6.1826). Neben dem procedere wie Vereinsgründung, Festlegung von Spendenaktionen, Auswahl des Standortes und der Art des Denkmals empfahl Goethe: „Ist dieses geschehen, so wenden Sie sich an den Herrn Königlichen Hofbildhauer Rauch in Berlin und ersuchen denselben, mit Einwirkung des Herrn Geh. Ober-Baurathes Schinkel Ihre Angelegenheit zu überdenken und Ihnen deshalb Zeichnung, Anschlag und guten Rath mitzuteilen“(ebd., S. 62).Goethe schloß den Brief mit der Versicherung, „eine fortdauernde Theilnahme mir zur angenehmen Pflicht rechnend“(ebd., S. 63). Doch es vergingen 33 Jahre, bis genügend Geld zusammengetragen worden war; sowohl Rauch als auch der Schadow-Schüler Ludwig Wichmann, der das Denkmal gestaltet hatte, waren schon tot, als am 18. Oktober 1859 die Statue enthüllt wurde. Lange Jahre vorher stand sie schon fertig verpackt in einem Schuppen, „und der Volkswitz der Altmark raffte sich bereits zu der Bemerkung, der alte Winckelmann habe sich durchgelegen“ (Fontane, S. 139). Mit sanfter Ironie beschreibt Theodor Fontane in der Kreuzzeitung vom 16. 10. 1859 den Denkmalsentwurf:

„Der Kopf ist Porträt und erinnert gleich auf den ersten Blick an das Bildnis Winckelmanns, auf dem er sich in einer turbanartig-armenischen Mütze und im Schafspelz präsentiert. Dies charakteristische Kostüm indessen hat der Bildner beiseite gelassen (wie wir glaubten mit gutem Grund) und hat stattdessen, neben einem fast hemdartigen Oberkleid, den Mantel adoptiert, der bekanntlich immer aushelfen muß. Dagegen wäre nichts zu sagen, wenn nur der linke Arm nicht durch die Masse und Dichte des Mantelzeugs derartig beladen wäre, daß es den Anschein gewönne, er habe kein anderes Geschäft, als diese Last zu tragen“ (Fontane, S. 140). Fontanes Befürchtung, **„der weite Platz und die hohen Chorpfeiler der Marienkirche werden den Kunsthistoriker, trotz seiner sieben Pfund in Erz, um den Eindruck aller Stattlichkeit bringen“** (ebd., S. 140), kann vom heutigen Betrachter nur bestätigt werden.

Wer die wahre Größe Winckelmanns ermessen will, der sollte das beeindruckende Museum in seinem Geburtshaus (Winckelmannstraße 36) beim „Alten Dorf" besuchen – die ausführliche Dokumentation über das Leben und Schaffen des „Gran Stendalese" überzeugt in ihrer Anschaulichkeit: Eine gute Tat der hier ansässigen Winckelmann-Gesellschaft.

Mit einer Falschmeldung, die sich – tourismusfördernd für die Stadt – hartnäckig hält, räumen Johanna und Günter Braun auf: Sie gingen der Behauptung nach, der französische Schriftsteller Henri Beyle habe sich aus Verehrung für Winckelmann den Künstlernamen „Fréderic de Stendhal" gegeben. In einer Brief-Reportage vermerken die Autoren dazu:

„G. fuhr also mit angenehmen Erinnerungen nach Stendal. Seine Nachforschungen über die Beziehungen Stendhals zu Stendal ergaben aber nichts. Er fand keinerlei Hinweise darauf, daß der Franzose auf der Suche nach Winckelmanns Geburtshaus etwa durch die Stadt geeilt war. In einer kleinen Monographie, verfaßt von Dr. Gerhard Richter, einst Vorsitzender der Winckelmann-Gesellschaft, entdeckte er, es weist nichts darauf hin, daß Stendhal jemals in Stendal geweilt hat oder wenigstens durchgefahren ist, obwohl er seit Mitte Dezember 1806 napoleonischer Intendantur-Adjunkt in Braunschweig war und Stendal zu seinem Amtsbereich gehörte. Stendhal war nicht reisefaul, er unternahm viele Reisen und berichtet darüber in seinen erhaltenen Tagebüchern. (...) Aber der Name Stendal existiert in keiner von Stendhals Aufzeichnungen.

Sie werden sagen, es ist belanglos, ob der französische Schriftsteller in Stendal war, wenn er eine geistige Nachbarschaft zu Stendals berühmtesten Sohn Winckelmann verspürt hat, seine Namenswahl ist einer Bindung entsprungen, die höher zu bewerten ist als zufälliges irgendwo Angesiedeltsein, aber Beyle erwähnt in seinen Schriften Winckelmann nur beiläufig, sein einziges Urteil über ihn lautet: ‚Wir lasen die Beschreibung (des Apoll, A.K.) **von Winckelmann; das ist deutscher Schwulst schlimmster Art.'** (Braun, S. 62).

Aber wenn sich auch die Legenden schon um die alles überragende Figur dieser Stadt ranken, so soll dennoch nicht vergessen werden, daß auch der Schriftsteller Ludwig Turek hier unter Umständen geboren wurde, die denen Winckelmanns in nichts nachstehen: **„Am 28. August 1898, an einem Sonntagabend, erblickte ich zum erstenmal das Licht. Es war das Licht einer alten Petroleumlampe. Ich glaube, meine Mutter hatte zu dieser Geburt an einem Werktage keine Zeit. Auch der Umstand, daß ich nicht, wie die meisten Menschen unserer Zone, in einem Bett, sondern auf kahlen Dielenbrettern neben einer uralten Kommode geboren wurde, spricht dafür, daß meine Mutter auf das Ereignis keinen großen Wert legte. Es ist auch nicht anzunehmen, sie habe mich aus Aberglauben an einem Sonntag auf diesen Planeten gesetzt, um mich den Glücksgöttern als Sonntagskind zu empfehlen; das wäre Gotteslästerung gewesen, ich hatte nämlich vor der Geburt schon riesiges Pech gehabt. Fünf Monate früher, am 31. März, war mein Vater gestorben, und das einzige, was er meiner Mutter hinterlassen hatte, war – ich. Herzlich wenig für die Tochter eines Bauarbeiters, der schon in seiner Jugend einen Hering mit sieben Geschwistern teilen mußte. Lange wollte sich meine Mutter durch mich nicht von ihrer Arbeit abhalten lassen, und so strich sie am Ende meiner ersten Lebenswoche von der Firma ‚Bertram, Sämereien en gros' in Stendal, doch noch den Lohn für einen Arbeitstag ein"** (Turek, Prolet, S. 5).

Mit der Bemerkung, daß die Altmark ein schwarzer Winkel sei, verläßt der Stiefvater mit dem sieben Jahre alten Sohn Stendal und geht als Zigarrenmacher nach Hamburg (vgl. ebd., S. 6f).

Ihre Jugendjahre verbrachte auch Irina Korschunow in der Winckelmann-Stadt; am 31.12.1925 wurde sie hier als Kind einer deutschen Mutter und eines russischen Vaters geboren. Ihre Erinnerungen an die Stadt sind die Folie für die Jugenderzählung „Er hieß Jan", in dem am Schicksal eines polnischen Jungen in Stendal (im Buch als „Steinbergen" verschlüsselt) der Terror des III. Reiches überzeugend aufgearbeitet wird – die Autorin erhielt mehrere Preise für dieses Werk. Ihr Familienroman „Glück hat seinen Preis" führt den Maurermeister Johann Peersen von Kiel im Jahre 1887 bis nach Stendal, wo seine Tochter Christine das Ende des 2. Weltkrieges erlebt:

„Im April 1945, nachdem doch noch Bomben gefallen, Häuser zerstört, Menschen verschüttet, verstümmelt, verbrannt waren, rückten die Amerikaner nach Stendal vor. Das deutsche Militär war bereits abgezogen, die Stadt von Flüchtlingen verstopft, auf dem Markt feierten Franzosen und Polen das Ende ihrer Gefangenschaft. Walter Schneider saß mit den noch verbliebenen Genossen zusammen, um die Partei für das neue Zeitalter zu rüsten. Gegen Mittag kam Berta mit einem Handwagen zu Christine gerannt, atemlos vor Aufregung. Das Lebensmittelmagazin der Wehrmacht, draußen beim Haferbreiter Weg, werde geplündert, man müsse hin, sofort. 'Los, los', drängte sie und holte auch noch den Lewkinschen Handwagen aus dem Schuppen. 'Sonst kriegen wir nichts mehr.' 'Nein, plündern, das kann man doch nicht!' rief Christine voller Widerwillen, erwies sich dann jedoch tüchtiger bei diesem Geschäft als Berta, die angesichts der aus allen Fugen geratenen, sich kreischend über Butterfässer und Marmeladekübeln balgenden Stendaler Bürger hinter eine Mauer flüchtete, während Christine ins Gewühl tauchte und nicht nur mehrere Kartons mit Margarine und Büchsenfleisch eroberte, sondern auch noch eine Kiste Schnaps, zwei Kanister voll Öl, sechs Kilo Schmalz und schließlich, nachdem ihr eine wütende Rivalin bereits den Mantelkragen abgerissen und Himbeergelee ins Gesicht geklatscht hatte, als Krönung einen Sack mit unbekanntem Inhalt, der sich zu Hause als fünfzig Pfund Rohkaffee entpuppte.

Unter Lebensgefahr, denn von den Dächern der Silos warfen ehemalige Kriegsgefangene in ihrer Begeisterung Rosinenkisten und Reissäcke auf die Menge, schleppte sie ein Stück nach dem anderen zu den Handwagen.

‚Gottogott, Frau Lewkin, Sie sind ja ein richtiger Drahtbesen!‘ sagte Berta ehrfürchtig beim Teilen der Beute, was Christine, trotz einer gewissen Beschämung, mit Stolz erfüllte. Wir gehen schon nicht unter, dachte sie.

In den frühen Morgenstunden des nächsten Tages hörte sie die amerikanischen Panzer über den Markt rollen“ (Korschunow, Glück, S. 276-277).

Einige Tage später flüchtet Christine nach Göttingen: **„.. noch einmal der Markt, die Marienkirche, die Breite Straße, Altes Dorf, Ünglinger Tor. ‚Go ahead', sagte der englische Posten am Stadtrand. Stendal lag hinter ihr"** (ebd., S. 282).

Kurz darauf zieht, zum x-ten Mal seit dem 30jährigen Krieg, neues Militär durch die Straßen Stendals, nach den Amerikanern und Engländern nun die Rote Armee. Es ist der 1. Juli 1945.

ℹ Stendal, mit 52000 Einwohnern größte Stadt der Altmark. Gotisches Rathaus mit Roland von 1525 (Kopie), Dom St. Nikolai (um 1450), Winckelmann-Denkmal und Memorial-Museum, Altmärkisches Museum beim ehemaligen Katharinenkloster, Ünglinger und Tangermünder Tor der Stadtbefestigung.

Literatur:

Johann Joachim Winckelmann, Gedanken über die Nachahmung der griechischen Werke in der Malerei und Bildhauerkunst. In: Winckelmanns Werke in einem Band. Bibliothek Deutscher Klassiker. Berlin und Weimar 1986, S. 1-37

Johann Wolfgang von Goethe, Winckelmann. In: Goethes Werke. Weimarer Ausgabe, I. Abteilung, 46. Band, Weimar 1891, S. 1-101

ders., Brief an den Landgerichtsdirector Klee vom 17. Juni 1826. In :Goethes Werke. Weimarer Ausgabe, IV. Abteilung, 41. Band, Weimar 1907, S. 61-63

Wolfgang Leppmann, Winckelmann. Ein Leben für Apoll. Fischer Taschenbuch Verlag, Frankfurt am Main 1986

Johann Peter Eckermann, Gespräche mit Goethe. Hrsg. v. Fritz Bergemann. 1. Band, Frankfurt 1981

Theodor Fontane, Die Winckelmann-Statue. In: Neue Preußische (Kreuz) Zeitung. Beilage zu Nr. 242 vom 16.10.1859, zitiert nach: Hanns H. F. Schmidt, Die Altmark. Ein Lesebuch. Hinstorff Verlag, Rostock 1988, S. 139-141

Hermann Dietrich und Ludolf Parisius, Bilder aus der Altmark. 2. Band, Hamburg 1883, S. 243-248

Heinrich-Detloff von Kalben, Die Altmark. Wiege Brandenburg- Preußens. München 1959, S. 300-312 (Stendal), S. 100-102 (Winckelmann)

Johanna und Günter Braun, Lieber Kupferstecher Merian. Wahre Begebenheiten. Aufbau Verlag, Berlin und Weimar 1973, S. 61-79

Hanns H.F.Schmidt, Skizzen aus der Altmark. Greifenverlag, Rudolstadt 1978, S. 66-71

Hoffmann von Fallersleben. Artikel in: Killy, Literatur Lexikon. Band 5, München 1990

Ludwig Turek, Ein Prolet erzählt. Kiepenheuer & Witsch Verlag, Köln 1972

Irina Korschunow, Er hieß Jan. DTV-Verlag, München 1982

dies., Glück hat seinen Preis. DTV-Verlag,München 1986

Für Ricarda Huch lag „der Backsteinbau des Rathauses . . . inmitten der Stadt wie eine allerschönste Prinzessin in der Felsenburg eines Riesen“. Zwischen Rathaus und Stephanskirche vollzog sich das Schicksal der Grete Minde.

Tangermünde

Kein Spaziergang für Grete Minde

Das Todesurteil für Grete Minde lautete: **„So mag sie deswegen vor endlicher Tötung uff einem Wagen biss zu der Richtstädte umb geführet, ihrer fünf Finger an der rechten Hand einer nach dem anderen mit glühenden Zangen abgezwacket, nachmalen ihr Leib mit viel glühenden Zangen, nämlich in der Brust und Arm gegriffen. Folglich mit eisernen Ketten uff einem erhabenen Pfahl angeschmiedet, lebendig geschmochelt, und also vom Leben zum Tode verrichtet werden, von Rechts wegen. Uhrkundlich mit unserem Sekret besiegelt den 13. Marty 1619. Schöppen beyder Städte Brandenburgk“** (n. Kalben, S. 26). **Grete Minde hat „angeschmiedet zwischen Himmel und Erden in Rauch und Schmach sterben, zuvor aber unaussprechliche Marter, indem sie fast bis an den Abend gelebet, ausstehen müssen“** (ebd., S. 27).

Ein „Feuerteufel“ wurde hier von Rechts wegen „geschmochelt“, dessen Brandlegung am 13. September 1617 fast die gesamte Stadt Tangermünde zerstörte: **„hat doch das Feuer in aller Eil erschrecklich um sich gefressen und fast alle Gassen der Stadt erfüllet, ja das Wasserthor oder den Roßfurt an der Kirchen gesperret, daß Jedermann verzagt worden, dem Seinigten zugeeilt und sein oder der Seinigen Leben zu erretten aus der Stadt gelaufen“** (n. Parisius, S. 66). Besonders im Norden der Altstadt und im sogenannten Hühnerdorf fielen 486 Wohnhäuser und 52 Scheunen dem Feuer zum Opfer: **„Da sahe und hörte man nichts, denn Schreien, Heulen, Winseln und Wehklagen; ihrer viele redeten gar kleinmüthig und verzagt. Die armen Leute lagen mit ihren kleinen Kindern auf den Ackern und Angern vor der Stadt, und hatte der größeste Hauf weder zu beißen noch zu brechen, weil alles im Feuer umkommen war“** (n. Parisius, S. 67). Der Patrizier Caspar Helmreich, Ratsmitglied und später Bürgermeister Tangermündes, dichtete später:

Es werden nunmehr sein zehn Jahr
verlaufen und vergangen gar,
da die schöne Stadt Tangermund,
gelegen an der Elben Grund,
durch Gottes Schickung von den Bubn
und aus Haß der gottlosen Hurn
jämmerlich im Feur ist verdorbn
und in die Asch geleget wordn.

(Schmidt, Altmark, S. 46)

Neu aufflackernde Einzelbrände schürten in den der Katastrophe folgenden Jahren Angst und Panik, und so traf es sich gut, daß mit der mißratenen Patriziertochter Grete Minde, die einen Rechtsstreit mit ihrer Tangermünder Verwandtschaft verloren hatte, die mutmaßliche Brandstifterin samt Spießgesellen verhaftet werden konnte: Das Motiv lag bei ihr ja offensichtlich auf der Hand. Caspar Helmreich führte den Prozeß, über dessen Ausgang von vornherein kein Zweifel bestand. Die kamen viele Jahre später, als Historiker die Akten erneut sichteten: Dem Urteil in Pastor Pohlmanns „Denkmal menschlicher Verworfenheit" von 1843, das schon im Titel andeutet, was der Verfasser von Grete Minde hält, steht die Analyse von Ludolf Parisius entgegen, der 1883 von „der armen, durch den Unverstand und Aberglauben gelehrter Juristen grausam hingemordeten Grete Minde" (Parisius, S. 71) spricht. Kalben pflichtet dieser Sichtweise aus juristischen Gründen bei, die peinliche Halsgerichtsordnung Karls V. habe jede objektive Urteilsfindung im Ansatz vereitelt: „Nichts kennzeichnet besser den Niedergang der deutschen Rechtspflege als dieser Prozeß" (Kalben, S. 27). Dann aber kam 1978 Hans Scholz und verwarf in seinen „Wanderungen und Fahrten in der Mark Brandenburg" die Thesen des Parisius und anderer Grete-Minde-Verteidiger: „Unsere Rechtsprechung ist nicht die jener abgelebten Zeiten. Sie ist mild. Die damaligen Richter haben hart gestraft, doch nach gegebenem Gesetz. Legal also.(...) Nur ist Freund Parisius vor lauter 'good will' außerstande, dies alles richtig einzuschätzen. Indem er Margarethens gänzliche Unschuld emphatisch beteuert und einseitig alle Schuld der Gesellschaft anlastet, laugt er alles tragische Salz aus dieser Geschichte ohnegleichen" (Scholz,S.82).

Angesichts dieses längst zur Glaubensfrage gewordenen Streites ist es verständlich, daß das alte Lied von Schuld und Leid auch die Künstler zur Gestaltung reizte. Wieviel Tragik der Handlung, wieviel Gefühl und Charakter lassen sich nicht aus diesem Stoff ziehen! Natürlich gibt es Schauspiele, Gedichte, Bänkellieder und bildnerische Darstellungen der Tat, aber erst Theodor Fontane gelang der große Wurf mit seiner Novelle „Grete Minde. Nach einer altmärkischen Chronik"(1880).

Der Dichter, der schon 1859 die Altmark bereist hatte (vgl. Kapitel Arendsee), war Ende April 1878 nach Tangermünde gekommen, wo er sich „die Scenerie der Lokaltöne halber, die so wichtig sind, zweimal angesehen" (Betz, S. 35) hatte. Fontanes milder Spott schlägt sich auch in seinen Reisebeschreibungen von Tangermünde nieder: „Die Reise war recht nett, obwohl ich fünfmal umsteigen mußte. Wie leben doch die Leute in solcher Stadt. Mir war, als wär' ich in Reykjavik gelandet..."(Catsch, S. 113). Immerhin hatte er aber auch ein, wenn auch eingeschränktes, Lob parat: „Die Elbfahrt nach Hamburg ist langweilig; nur bei Tangermünde, wo Reste einer aus den Tagen Karls V. herstammenden Burg aufragen, belebt sich das Bild ein wenig" (Catsch, S. 110).

Obwohl Fontane die damals zugänglichen Quellen und Chroniken studiert hatte (die Untersuchung Parisius' erschien erst drei Jahre später), hält sich die Novelle nicht streng an die historischen Vorgaben. So findet Fontanes Grete Minde im brennenden Glockenturm von St. Stephan den Freitod, der ihr der einzige Ausweg zu sein schien. „Ein Sitten- und Charaktergemälde aus der Zeit nach(!) dem 30jährigen Kriege" (Catsch, S. 112) sollte es werden, schrieb der Dichter an Paul Lindau, und dosierte sehr vorsichtig bei der Schuldfrage: „Heldin: Grete Minde, Patrizierkind, das durch Habsucht, Vorurteil und Unbeugsamkeit von Seiten ihrer Familie, mehr noch durch Trotz des eigenen Herzens, in einigermaßen großem Stil, sich und die halbe Stadt vernichtend, zu Grunde geht" (ebd., S. 112). Für Fontane begann mit seiner ersten erfolgreichen Novelle die Phase des berühmten Alterswerkes, die Zeit der großen Romane. „Grete Minde", obwohl in der Kritik nicht unumstritten, hat sich in der Literaturgeschichte längst ihren Platz erobert.

Anders verhält es sich da mit einer neueren Adaption des Stoffes, die Peter Huchel am 22. Juni 1939, also wenige Tage vor dem Ausbruch des 2.Weltkrieges, beim Reichssender Leipzig ausstrahlen ließ: „Margarethe

Minde. Eine Dichtung für den Rundfunk." Huchel, der aus der Mark Brandenburg stammt, ist eher als Lyriker und als Chefredakteur der Zeitschrift „Sinn und Form"(1949-62) bekannt geworden. Nach seiner kulturpolitisch motivierten Kaltstellung übersiedelte er 1971 in die Bundesrepublik. Sein Hörspiel stand dabei immer im Schatten der lyrischen Werke und der Auseinandersetzung mit der staatlichen Repression – zu Unrecht. Denn was der Autor hier in klassischen Reimformen bietet, stellt sich als durchaus eigenständige Deutung des Stoffes dar: Elf kurze Szenen verdichten das Geschehen auf wenige zentrale Vorgänge, Ursache und Folge menschlichen Handelns werden schlaglichtartig erhellt: Heinrich von Minden büßt seinen Meineid gegen Grete mit einer verfaulenden rechten Hand, die ihn vor Gericht überführt. Doch trotzdem muß die Brandstifterin ins Feuer. Caspar Helmreich entscheidet:

Nicht macht mich eines Weibes Jammer schwach!
Was auch geschehn, nicht wälzt es ab von ihr
Die Schuld, die größer ist als alles Unrecht,
Das man ihr angetan! Als Richter steh'
Ich hier; darf weder Milde noch Erbarmen
In meinem strengen Urteil leuchten lassen!

(Huchel, S. 68)

Doch der erhoffte Triumph des Henkers bleibt aus, umsonst wartet er mit der gierigen Menge auf den Sterbeschrei der angeblichen Hexe:

Henker (wütend):
Verruchte Hexe, die nicht schreit!!
Glimmt nicht ihr Haar? Glimmt nicht ihr Kleid?
(er schürt)
Schürt nicht mein Eisen gut und saust?!
Leckt nicht das Feuer hoch und braust?!

Grete (überirdisch):
O Todesschmerz, ich fühl' dich nicht!
Ich seh' ein fremdes, schönes Licht.

Die Flammen heben mich empor
Und tragen mich vor Gottes Tor!
Dort steht ein Engel, flammenwild,
Auf Himmelswacht mit Schwert und Schild,
Der tötet allen Erdenstreit!
Die Himmelsjungfrau benedeit,
Sie winkt mir aus der Ewigkeit
Und zeigt mir Gottes Testament,
Das meinen armen Namen nennt!

(Huchel, S. 72)

Mit einem Anklang an Goethes Gretchen-Tragödie im Faust I endet so Huchels Dichtung.

Fast hundert Jahre nach Fontanes und vierzig Jahre nach Huchels Interpretation nimmt sich auch das Medium Film des Themas an. Bei den 27. Internationalen Filmfestspielen in Berlin von 1977 zeigte Heidi Genée ihr Erstlingswerk „Grete Minde" als offiziellen deutschen Wettbewerbsbeitrag. Während das Publikum begeistert war, schwankte die Kritik zwischen dem Vorwurf des „linken Heimatfilms", der „das Mantel-und Degen-Klischee von den glanzvollen alten Zeiten durch die umgekehrte Einseitigkeit ersetzen" (n. Betz, S. 74) wolle, und dem Verdacht „daß man diese zündelnde Ratsherrntochter aus dem siebzehnten Jahrhundert als eine Vorläuferin der heutigen Terroristen aus der sogenannten Anarcho-Szene betrachtet" (n. Betz, S. 76). Grete Minde gibt keine Ruhe.

Wer auf ihren Spuren wandeln will – es wird kein Spaziergang –, findet in Tangermünde eine wohl einmalige Verquickung historischer und literarischer Denkmäler: Betritt man die von einer intakten Festungsmauer umgebene Altstadt durch das Neustädter Tor in Richtung Lange(Lenin-)Straße, so fallen schon nach wenigen Schritten die Silhouetten der Stephanskirche und des Rathauses ins Auge. Zwischen diesen beiden dominierenden Gebäuden erfüllt sich Gretes Schicksal.

Die wenig ansehnliche „Grete-Minde-Straße“ gegenüber der „Schloßfreiheit“ liegt am Eingang der Hühnerdorfer Vorstadt, die beim Brand von 1617 fast völlig zerstört wurde.

Auf der Tangermünder Burg: „ . . . auf diese Mauer setzten sie sich und sahen in die Landschaft hinaus. Zu Füßen hatten sie den breiten Strom und die schmale Tanger, die spitzwinklig in den Strom einmündete, drüben aber, am anderen Ufer, dehnten sich die Wiesen . . .“ (Fontane, Grete Minde)

Die spätgotische Fassade ließ Ricarda Huch einen reizvollen Vergleich ziehen: **„Der Backsteinbau des Rathauses liegt inmitten der Stadt wie eine allerschönste Prinzessin in der Felsenburg eines Riesen. Mit seinen bunten Giebeln und arabeskenhaften Rosen scheint es aus einem Märchen von Tausendundeinernacht hierher versetzt zu sein, und man meint, es müßten verschleierte Frauen aus Damaskus und weise Kadis darin ein- und ausgehen“** (n. Schmidt, Rathaus).

Fontane läßt, hier den historischen Quellen folgend, Grete Minde im ersten Stock ein Vagantentheater erleben: **„Grete hatte gebeten, das Puppenspiel im Rathaus besuchen zu dürfen, und es war ihr, allem Abmahnen Truds unerachtet, von ihrem Vater, dem alten Minde, gestattet worden.(...) Die Freitreppe, die hinaufführte, war mit Neugierigen besetzt, auch mit solchen, die drinnen ihre Plätze hatten und nur wieder ins Freie getreten waren, um so lange wie möglich noch der frischen Luft zu genießen. Denn in dem niedrig gewölbten Saal war es stickig, und kein andres Licht fiel ein, als ein gedämpftes von Flur und Treppe her.“** (Catsch, S. 16-17).

Das Doppelhaus der Mindes, von dem aus der Markt eingesehen werden konnte, stand in der Langen Straße in Richtung Stephanskirche; 1617 verbrannte es im Feuersturm. Die Regionalforschung weist allerdings darauf hin, daß das Haus Lange Straße Nr. 42 mit dem der Mindes Ähnlichkeiten hat (Längsfront, Eingangsmedaillon, Steinsitz; vgl. Rost, S. 104). Ständig beherrscht dabei der wuchtige Doppelturm von St. Stephan das Straßenbild. Als Fontane hier seine Studien trieb, fand er noch deutliche Spuren der Brandkatastrophe an der Kirche, deren erst 1601 errichtete Turmspitze, die als die höchste und kühnste der Altmark galt, beim Brand mitsamt den vier Glocken in die Tiefe stürzte. Fontane läßt Grete mit ihrem Kind und dem ihres Bruders im Turm sterben:

„... nun trat sie rasch an die Schallöcher, die nach der Stadtseite hin lagen, und stieß die hölzernen Läden auf, die sofort vom Winde gefaßt und an die Wand gepreßt wurden. Ein Feuermeer unten die ganze Stadt; Vernichtung an allen Ecken und Enden, und dazwischen ein Rennen und Schreien, und dann wieder die Stille des Todes. Und jetzt fielen einige der vom Winde heraufgewirbelten Feuerflocken auf das Schindeldach ihr zu Häupten nie-

der, und sie sah, wie sich vom Platz aus aller Blicke nach der Höhe des Turmes und nach ihr selber richteten. (...) Alles ... vergaß der eigenen Not und drängte dem Portal der Kirche zu. Aber ehe noch die Vordersten es erreichen oder gar die Stufen der Wendeltreppe gewinnen konnten, stürzte die Schindeldecke prasselnd zusammen, und das Gebälk zerbrach, an dem die Glocken hingen, und alles ging niederwärts in die Tiefe" (Catsch, S. 101). – Erst 95 Jahre nach dieser Katastrophe wurde dem Nordturm wieder eine „welsche Haube" aufgesetzt.

Das Innere der restaurierten Kirche zeigt in den Brüstungsfeldern der Empore auch den Namenszug des Caspar Helmreich im unteren Teil eines von ihm gestifteten Bildes. Gigas, diese wahrhaft christliche Gestalt in Fontanes Novelle, hat tatsächlich von 1602-1626 als Pfarrer von St.Stephan amtiert; in der Taufkapelle befand sich lange Zeit ein Porträt von ihm (vgl. Betz, S. 8). Unter den zahlreichen Grabsteinen im Kircheninneren finden sich auch zwei der bei Fontane erwähnten Ratsfamilie Guntz. Für Grete wird St. Stephan nach der Beerdigung ihres Vaters zum Vorboten nun drohender Ereignisse:

„...Grete war geblieben und huschte heimlich in die Kirche zurück und setzte sich auf die Bahre, die noch an alter Stelle stand. (...) So saß sie und starrte vor sich hin und fröstelte. Und nun sah sie plötzlich auf und gewahrte, daß das Abendrot in den hohen Chorfenstern stand, und daß alles um sie her wie in lichtem Feuer glühte: die Pfeiler, die Bilder und die hochaufgemauerten Grabsteine. Da war es ihr, als stünde die Kirche rings in Flammen, und, von rasender Angst erfaßt, verließ sie den Platz, auf dem sie gesessen, und floh über den Kirchhof hin" (Catsch, S.39).

Wer dann nördlich der Kirche das ehemalige Hühnerdorfer Tor mit dem Eulenturm passiert, findet zur Linken die wenig ansehnliche „Grete Minde-Straße", rechts führt der Weg zur „Schloßfreiheit" und zur alten Burg. Es war der heimliche Treffpunkt für Grete und ihren Freund Valtin:

„...sie schritten ... über einen wüsten Grasplatz, auf einen ausgemauerten und halbausgetrockneten Graben zu, der den großen äußeren Burghof von dem kleinen inneren trennte. Eine schmale Zugbrücke führte hinüber, und sie passierten sie. Drinnen war

alles still: der Efeu wuchs hoch am Gemäuer auf, und in der Mitte stand ein alter Nußbaum, dessen weites Geäst den halben Hofraum überdachte. Und um den ausgehöhlten Stamm her war eine Bank. Grete wollte sich setzen; Valtin aber nahm ihre Hand und sagte: ‚Nicht hier, Grete; es ist zu stickig hier.' Und damit gingen sie weiter, bis an den Fuß eines steilen, in die Rasenbettung eingeschnittenen Treppchens, das oben auf einen breiten, von zwei Türmen flankierten Wallgang mündete. Zwischen diesen Türmen aber lief eine dicke, niedrige Feldsteinmauer, die nur um ein paar Fuß höher war als der Wallgang selbst. Und auf diese Mauer setzten sie sich und sahen in die Landschaft hinaus. Zu Füßen hatten sie den breiten Strom und die schmale Tanger, die spitzwinklig in den Strom einmündete, drüben aber, am andern Ufer, dehnten sich die Wiesen, und dahinter lag ein Schattenstrich, aus dessen Lichtungen hier und dort eine vom Abendrot übergoldete Kirchturmspitze hervorblickte. Der Himmel blau, die Luft frisch; Sommerfäden zogen, und in das Geläut der ersten heimwärtsziehenden Herden mischte sich von weit her das Anschlagen der Abendglocke" (Catsch, S. 44).

Auch heute noch bezaubert der freie Blick in eine Landschaft, die voller kultureller Schätze steckt: Im Süden das Dörfchen Jerichow mit der architektonisch vollendenten Klosterkirche; östlich, am Horizont, dann Wust, dessen Mausoleum der Familie Katte in Fontanes „Wanderungen" so eindringlich beschrieben wird; nördlich Bismarcks Geburtsort Schönhausen und, daran anschließend, das Land Schollene.

Nur wenige Kilometer stromabwärts liegt Arneburg, in dessen Mauern Schill 1809 seinen flammenden Aufruf zur Erhebung gegen Napoleon verlas: ein Findling auf der Hauptstraße erinnert an diesen 8. Mai.

Die ostelbischen Endmoränenhügel des Landes Schollene haben den Lyriker Georg Oswald Cott zu einem Gedicht angeregt, das im Schluß die alles beherrschenden Kühltürme des Kernkraftwerks Stendal-Arneburg allegorisch einbezieht:

LAND SCHOLLENE
Grüne Buckel
Wasserscheide
Tropfzuber fangen
Baumharz auf
Kartoffeln und Schlehenwein
aber nie
goldene Berge versprochen

Rotkäppchen trödelt
Scharlibbe
Klietz
Kleinwudicke
abends schließt
die Sandauer Fähre
auch morgen bleibt Zeit
über die Elbe zu gehen

drüben in Sonnenlage
reckt sich ein Mammut
und macht die Arneburg klein

Das geplante atomare Feuer dieses Technik-Riesens bedroht auch Tangermünde.

Aus Huchels „Margarethe Minde“ (S. 12):

Fährmann:
Nachts schlaf' ich auf der schwarzen Fähre hier.
Dann plagt es mich, das wirre, fremde Leben,
Dann spüre ich ein Grauen, ahne ich's
Voraus!
(Wasserschläge)
Grete: Was starrt ihr so?
Fährmann (unheimlich):
Das Feuer dort!
Grete: Beim Himmel! Nirgends kann ich Feuer sehen!

Fährmann:
Noch niemals sah ich solche Abendglut,
Wie Feuer liegt es über allen Dächern!

ℹ Tangermünde, 12000 Einwohner, liegt an der Mündung der Tanger. Im Mittelalter war die Stadt als Residenz Karls IV. vorgesehen. Blütezeit im 15. Jahrhundert. Zahlreiche Sehenswürdigkeiten in der gut erhaltenen Altstadt: Rathaus (um 1430) mit Heimatmuseum, St. Stephan, Stadtmauer mit Toren und Türmen, Stephanskirche, Reste der Burg (1640 zerstört), Fachwerkschnitzereien an den zahlreichen Bürgerhäusern, Stadtpanorama vom Ostufer der Elbe bei Fischbeck.

Literatur:

Ludolf Parisius, Grete Minden und die Feuersbrunst vom 13.September 1617. Eine Ehrenrettung. In: Hermann Dietrich und Ludolf Parisius, Bilder aus der Altmark. Hamburg 1883, S. 66- 108

August Wilhelm Pohlmann, Margarethe Minde oder die Feuersbrunst zu Tangermünde am 13.September 1617. Ein Denkmal menschlicher Verworfenheit. Aus Originalakten gezogen und der werthen Bürgerschaft zu Tangermünde gewidmet. Tangermünde 1843.

Heinrich-Detloff von Kalben, Die Altmark. Wiege Brandenburg- Preussens.München 1959, S.23-27

Hans Scholz, Margarethe von Minden, Rekonstruktion einer Tragödie. In: ders., Wanderungen und Fahrten in der Mark Brandenburg (6). Berlin 1978, S. 171-182

Theodor Fontane,Grete Minde. Nach einer altmärkischen Chronik.Hrsg. v. Andreas Catsch und Helmuth Nürnberger. Ullstein Verlag, Berlin 1986 (mit ausführlichem Anhang)

Peter Demetz, Nachwort zu „Grete Minde“ (über die Kritik an der Novelle). In: Fontane, Grete Minde. Insel Verlag Frankfurt 1989, S. 141-154

Frederick Betz(Hg.), Erläuterungen und Dokumente zu Fontanes “Grete Minde“. Reclam Verlag, Stuttgart 1986

Caspar Helmreich, Verse auf die Stadt Tangermünde. In:Hanns H.F. Schmidt(Hg.), Die Altmark. Ein Lesebuch. Hinstorff Verlag, Rostock 1988, S. 46-47

Richarda Huch, (ohne Titel), zitiert nach: Hanns H.F.Schmidt, Vom Tangermünder Rathaus. Streifzüge durch die Altmark (5). In: Der Heidewanderer. Heimatbeilage der Allgemeinen Zeitung Uelzen, Nr.14 v. 7.4.1990

Peter Huchel, Margarethe Minde. Eine Dichtung für den Rundfunk. Aus: Gesammelte Werke, Band 2, (c) Suhrkamp Verlag, Frankfurt am Main 1984

Georg Oswald Cott, Land Schollene. Gedicht. Erstdruck, den der Autor freundlicherweise zur Verfügung stellte

Helmut Bock, Schill. Rebellenzug 1809. Berlin 1972, bes. S. 174ff

Wolfgang E. Rost, Örtlichkeit und Schauplatz in Fontanes Werken. Berlin und Leipzig 1931, Tangermünde S. 102-107

Osterburg vom Fuchsbau aus gesehen: Aus dem Stadtzentrum mit der Nicolai-Kirche führt die Allee ins Dörfchen Krumke mit Schloß und Parkanlagen.

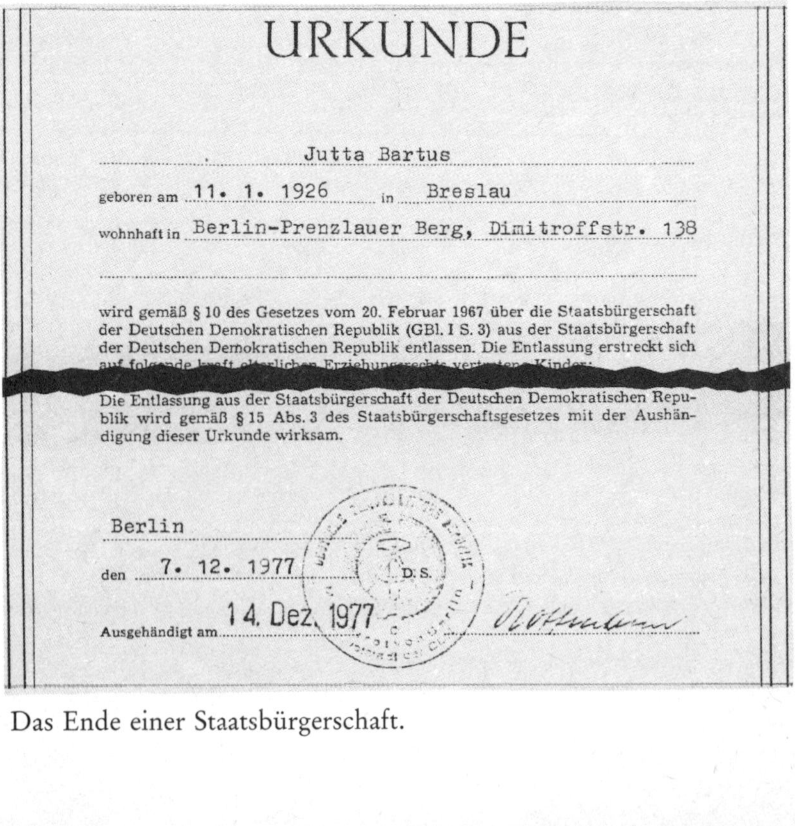

URKUNDE

Jutta Bartus

geboren am 11. 1. 1926 in Breslau

wohnhaft in Berlin-Prenzlauer Berg, Dimitroffstr. 138

wird gemäß § 10 des Gesetzes vom 20. Februar 1967 über die Staatsbürgerschaft der Deutschen Demokratischen Republik (GBl. I S. 3) aus der Staatsbürgerschaft der Deutschen Demokratischen Republik entlassen. Die Entlassung erstreckt sich [redacted]

Die Entlassung aus der Staatsbürgerschaft der Deutschen Demokratischen Republik wird gemäß § 15 Abs. 3 des Staatsbürgerschaftsgesetzes mit der Aushändigung dieser Urkunde wirksam.

Berlin

den 7. 12. 1977 D. S.

Ausgehändigt am 14. Dez. 1977

Das Ende einer Staatsbürgerschaft.

Osterburg

Passionszeit der Jutta Bartus

Der Blick von den südlichen Ausläufern der Rossower Berge bietet ein friedliches Bild des Städtchens Osterburg – im weiten Grün der Wische verschwimmt das Dachziegelrot der Altstadt, überragt vom wuchtigen Turmklotz der St.-Nikolai-Kirche. Von rechts schiebt sich eine alte Allee ins Bild, sie führt von der Stadt ins Dörfchen Krumke mit seinem alten Park, wird aber auch von den Sportlern benutzt, die zum Schwimmbad „Am Fuchsbau" wollen. Und der scharfe, Peitschenhieben ähnliche Knall vom nahegelegenen Schießstand macht deutlich, daß der Umgang mit Pistole und Gewehr auch im Mai 1990 immer noch als „Sport" betrieben wird. Dort, wo heute das Hallenbad steht, zweckrational, aus graubraunem Beton, machte Ende der 50er Jahre eine Frau deprimierende Erfahrungen, die gekommen war, das Beste zu leisten und die ging, als jene Erfahrungen sie zu erdrückten drohten – Jutta Bartus.

Das zerrissene Leben dieser Autorin hat die Schriftstellerin Ingeborg Drewitz einmal im Stenogramm-Stil gerafft:

„Hier ‚lohnt' sich schon der Lebenslauf. Damit lassen sich Zeilen füllen, Emotionen wachrufen – und niederschlagen. Allein die Wanderung zwischen den beiden deutschen Nachkriegsstaaten ist ja fast einen Roman wert. 1949 erste Übersiedlung in den ‚Westen', in den fünfzigern zurück in die DDR, zusammen mit Adolf Endler. 1977 zurück in die Bundesrepublik, leise, ohne Polit-Klamauk, um den Sohn, noch in DDR-Haft, nicht zu gefährden. Auch mit der Kindheit ließe sich ansetzen: Geboren in Breslau 1926, Vater nicht zurückgekommen aus dem Krieg – und wie. – Auch noch: Zwei Ehen, fünf Kinder. Vielerlei Aushilfs-Brotberufe, aber auch schriftstellerische Erfolge in der DDR, auch Mißbrauch, Mißdeutung ihrer Texte, in Dienst genommene Literatur und damit im Dienst verschlissene, fehlgedeutete Literatur?" (Drewitz, S. 7)

Dreimal hat Jutta Bartus also den Staat gewechselt, dreimal völlig von vorn angefangen. Die Übersiedlung in die Bundesrepublik im Jahre 1977 war nicht die Heimkehr der verlorenen Tochter, und doch ist dieser Entschluß auf Erfahrungen zurückzuführen, die ein Weiterleben in der DDR unmöglich machten. In Osterburg-Krumke fällt dazu die Vorentscheidung.

Sie war voller Hoffnung und Optimismus, die junge Frau des Lyriker Adolf Endler, als sie 1958 in den Osterburger „Fuchsbau" zog; man wollte die goßangelegte „Wische-Aktion" der FDJ miterleben und beschreiben, wollte dabeisein, wenn junge Menschen ein Sumpfgebiet in fruchtbare Äcker und Felder verwandelten und aus dem Notstandsgebiet ein blühendes Land machten.

Endlers Reportagen und Gedichte, unter dem Titel „Der Weg in die Wische" 1960 publiziert, haben denn auch jenes heute schwer zu ertragende Pathos, das die Arbeit mit dem Spaten „zur großen weltanschaulichen Selbstbefriedigung stilisiert" und einer "unhaltbaren Euphorie" (KLG) huldigt:

„Wir graben von Dürsten erschüttert
in wogenden weißen Hitzen"

(Endler, Sommer 59, S. 74)

Erschütternd waren auch die Lebensverhältnisse, die Jutta Bartus in Osterburg erwarteten:

„In Berlin verbrachten wir noch drei lebendige, heftige Jahre, in denen wir von Woche zu Woche lebten, von einem kleinen Zeitungshonorar zum anderen, zwei Jahre davon mit Trennungen durch Endlers Studium am Literaturinstitut in Leipzig. Dann siedelten wir Ende achtundfünfzig, beauftragt vom Schriftstellerverband und dem Büro Kurella im ZK der SED, in die Altmark über. Wir sollten dort über die Arbeit der Jugendbrigaden berichten, die aus allen großen Betrieben der Republik in die Wische kamen, eine Elbniederung in der Mitte zwischen Stendal und Wittenberge. Da versanken Dörfer im Frühjahr und im Herbst so im Schlamm, daß sie von der übrigen Welt abgeschnitten waren. Die sauren Wiesen ernährten nur mageres Vieh, der schwere Lößlehmboden trug kaum Frucht. Auf einer alten Landkarte, die

wir in der Kreisstadt Osterburg aufstöberten, hießen die Fluren Hölle und Böse Welt.

Plötzlich überall blaue Fahnen mit dem Sonnenemblem der Freien Deutschen Jugend. Ein System von Entwässerungsgräben wurde dem zähen Erdreich abgerungen, Straßen entstanden, zehnklassige Polytechnische Oberschulen in Dörfern, in denen es ein Jahrzehnt zuvor noch Zwergschulen mit höchstens vier Klassen gegeben hatte. Die finsteren Katen der Landarbeiter wichen an verschiedenen Orten kleinen Mehrfamilienwohnblocks mit Wasserleitungen und trockenen Wänden. Die Wische ist heute ertragreiches Bauernland. Für uns war das alles sehr aufregend. Mich erinnerte es an die Zeit der ersten Bodenreform in meinem sächsischen Dorf. Es war der erste Schritt, der 1960 – überstürzt – mit der Übernahme auch der letzten privaten Höfe in Produktionsgenossenschaften – mit Achtstundentag und Jahresurlaub für die Mitglieder – beendet wurde. Wir priesen dieses neue Leben auf dem Lande begeistert.

Dabei ging unser persönliches Leben jämmerlich in die Brüche. Mit *großem Auftrag ausgestattet* saßen wir bei der Ankunft in Osterburg förmlich auf der Straße, eine inzwischen fünfköpfige Familie. Zwar hatte der Bürgermeister telefonisch eine Tauschwohnung zugesichert, so daß wir in aller Naivität unseren Möbelwagen beladen und dem Tauschpartner aus Osterburg unsere Berliner Wohnungsschlüssel in die Hand gedrückt hatten. Aber als wir in der kleinen Stadt den Zug verließen, fanden wir den Transporter mit unserem Hausrat auf dem Güterbahnhof. Einige Stunden irrten wir durch den scharfen Wind des späten Oktobertages – den Kleinsten im Sportwagen vor uns herschiebend, den müden Dreijährigen auf Vaters Schultern, die Sechsjährige an der Hand – in den Straßen umher, da das Rathaus bereits geschlossen hatte. Schließlich vom Pförtner herbeitelefoniert, kam ein Beamter der Abteilung Wohnungswesen und wies uns den Weg zu unserer Tauschwohnung: Es waren drei Räume in einem baufälligen, leerstehenden Gasthof mit dem Namen Fuchsbau weit vor der Stadt, der bei gelegentlichem Plus im Stadtsäckel zu einer Sportschule umgebaut werden sollte, was etwa fünf Jahre nach unserem Aufenthalt dort geschah. Bis dahin verfiel er, von einem alten Hausmeister behütet, der so freundlich war, die Kachelöfen unserer Räume täglich mit rund zwei Zentnern Rohbraunkohle zu füttern, ohne nennenswerten Erfolg. Elf Grad im wärmsten der drei Räume, in den wir die Kinder einquartierten, waren in diesem knackendkalten Winter, der sehr früh mit viel Schnee einsetzte, die Spitzenleistung.

Anfang Dezember kam uns Kurt Hahn, der Chef der *Schatulle*, einer Berliner Wochenzeitung, für die Endler u.a. arbeitet, besuchen, ein liebenswerter alter Kommunist, der schon in den zwanziger Jahren seine ebenso liebenswerte Proletenlyrik in der *Linkskurve* veröffentlicht hatte. Entgeistert sah er mir dabei zu, wie ich ein Hemdchen für meinen Jüngsten klamm aus dem Wäscheschrank holte und erst in der Ofenröhre, wo es wirklich dampfte, trocknen mußte, ehe ich es dem Kind anziehen konnte. In meinem Zimmer glitzerten die Wände von Eiskristallen, obwohl Herr Vandreier, der Hauswart, allstündlich mit seinen Kohlenbrocken antrabte. Ich zeigte Kurt Hahn, wie er – knieend – unter der Fußleiste hindurch zu beiden Seiten meines Eckzimmers ins Freie lugen konnte, weil in der Außenwand Ziegel fehlten. Er erzählte es nach seiner Rückkehr in Berlin.

Eine Reaktion darauf folgte bald. Die Sozialbeauftragte des Schriftstellerverbandes – Anna Kaemmel – forderte in wenigen Zeilen Bescheidenheit und Geduld von uns als Zeugen größeren Notstandes in den Dörfern um uns herum. Als die beiden Söhne schwer erkrankten, rief ich in Berlin an, bettelnd, flehend, unter Hinweis darauf, daß man mit froststarren Hänen die Tasten der Schreibmaschine nicht mehr fühle.

Die Antwort darauf war ein Telegramm mit dem Text: ‚Hören Sie auf, sich als Künstlerin zu fühlen. Dann wird sich Ihre Lage bessern, Erwin Strittmatter, Sekretär des Schriftstellerverbandes.' Nun ja, da hatte ich es. Ich war schließlich erst *Junge Autorin*, Anwärterin also auf die Mitgliedschaft im Verband. Ein paar Jahre später hat sich Strittmatter bei mir entschuldigt und mir sein Buch Ole Bienkopp, das ihm gleich nach dem Erscheinen Parteischelte eingebracht hatte, mit der Widmung geschenkt: ‚Mach

weiter so – Jutta!' Er sei aus Osterburg falsch über uns informiert worden, sagte er. Ich wußte, von wem und antwortete ihm etwa, daß sein Geständnis meinen beiden Söhnen nicht mehr helfen werde. Und ich sei nun ohne den Verband eine brauchbare Schriftstellerin geworden". (Bartus, Dünne Haut, S. 24-25)

Der Druck, der in diesen Jahren auf der jungen Frau lastete, forderte seinen Tribut: Die Ehe mit Adolf Endler zerbrach, die Krankheit der Kinder ging über die Kräfte der nun alleinstehenden Mutter, der auch ein Umzug in die freundliche Wohnung Melkerstraße 27, wo sie den Osterburger „Zirkel schreibender Arbeiter" mitgründete, nur wenig Erleichterung brachte. In „Schichtarbeit", die knapp vier Stunden Schlaf zuließ, wurden Beruf und Kindererziehung bewältigt.

Doch die schwerwiegendste Last bürdete ihr ausrechnet ein Kollege auf, der in der benachbarten Försterei Krumke wohnte und ebenfalls dabei war, sich erste Sporen auf dem Gebiet der Schriftstellerei zu erwerben: Helmut Sakowski.

Wer seinen Lebensweg verfolgt, kennt das Komplementärstück zur Vita Jutta Bartus: Sakowskis Weg führte von der Leitung des Staatlichen Forstwirtschaftsbetriebes in Salzwedel (1951-58) über frühe Schreibversuche – die Figuren der ersten Werke sind „noch deutlich als Bewohner der Altmark auszumachen" (Literaturzentrum, S. 12) – zur Försterei Krumke, wo er „den ganzen Schritt zum Autor" wagt (Literaturzentrum, S. 10). Die folgenden Jahre tragen ihn bis in die höchsten Sphären jener Schriftsteller, die Biermann in seinen Liedern als „Kaisergeburtstagsdichter" verspottet: „Keine Konzessionen an den Geschmack der Kleinbürger oder an irgendwelche Strömungen, die sich 'modern' nennen" (Lexikon, S. 246), das war Sakowskis Devise, Vorbilder blieben die positiven Helden eines Otto Gotsche oder Willi Bredel: „Ich vermisse ihn ein bißchen in der Literatur, diesen Menschen, der einfach Spaß am Sozialismus hat, der gern lebt und gern lacht, obwohl er Widersprüche zu lösen hat" (Literaturzentrum, S. 35). Der Erfolg dieser Konzeption blieb nicht aus: Vaterländischer Verdienstorden in Silber und Gold, zwei Nationalpreise, vier weitere Auszeichnungen und die Berufung in das Amt des Kulturbund-Vizepräsidenten lohnten die Mühen seines Schreibens, das „immer der parteilichen Zielsetzung ...untergeordnet" blieb (Jehser, S. 351).

Sakowski holte sich bei Jutta Bartus Ratschläge für seine Texte, im Gespräch wird manch Privates ausgetauscht, das dann auf einmal als parteilich-offizieller Vorwurf der Behörden wieder auftaucht: Jutta Bartus wird unter Druck gesetzt, soll das Schreiben lassen, die Kinder in ein Heim geben. Jetzt sind es Forderungen Sakowskis, „begleitet von einem Referenten Kurellas aus Berlin und vom Kultursekretär der SED der Stadt" (Bartus, Dünne Haut, S. 29). Noch heute spürt man die Verletzung, wenn Jutta Bartus berichtet:
„Wie kommt die Frau dazu, für ihren ersten Fernsehfilm einen höher bezahlten Vertrag zu erhalten wie ich für meine ‚Lena Mattke' (für die er am 7. Oktober den Nationalpreis erhalten hatte), sagte Sakowski plötzlich. Mir pochte der Pulsschlag im Halse, meine Stimme war nicht fest. Das ist einfach erklärt, sagte ich, ‚Die böse Welt' ist ein Film. Dann war meine Stimme fest, als ich fortfuhr: Jetzt hast du die Katze aus dem Sack gelassen, aus billigem Konkurrenzneid ist mir das alles geschehen" (Bartus, ebd., S. 31).

Trotz aller Widerstände – die Schriftstellerin beißt sich durch, verläßt 1960 Osterburg, allerdings nicht, ohne in einem Gedicht ihre Leidenszeit zusammenzufassen:

Wische – Niederungsgebiet bei Stendal

Blicke vom Kirchturm der kleinen Stadt:
Westwärts die Höhe. Ein waldiger Rücken
birgt den kargen Boden vor dir.
Bleichsand und Heide, von Urzeiteisen
hergeschobenes Küstenland.

Ostwärts ein leuchtender Teller,
der Elbe Jahrtausende altes Stromtal,
heute ein Garten, farbig und grün.
Weidenrosen und Schlehdorn,
klargelbe Lilien am Fluß.

Drüberhin Regen, ein zarter Schleier,
doch du ahnst schon Gesang der Ähren,
den Sommer.
Harfenton – glaubst du –
der Wind im tanzenden Schilfrohr,
Sonnenlieder und Märchen...

Träumer, wach auf!
Schlamm trennt die Äcker,
umgrenzt die Herzen der Menschen.
Dörfer im Nebel – schweigende Inseln –,
nur Trecker schwimmen zuweilen hinüber.

Hier singen die Mädchen nur selten,
so drückt der Himmel, und manche
– weil sie ihm entgehen wollte –
nahm den Strick, blieb jung
über uralten Gräbern im Birkenhain.

Den Kindern der armen Bauern
schenkte ein König Spindeln,
Friedrich der Zweite.
Ein ‚Divertissement' von ihm sagt
„ÜBER DAS SPINNEN DER KINDER":
Die Mädchen sollen's ab zehn,
die Buben ab zwölftem Jahr tun.

Auch Jäger kamen in diese Landschaft,
ein Göring lobte die wilden
verwunschenen Wälder sehr.
Heut gehen Parteisekretäre
hinter den Steinen der Tumuli
im Morgentau auf die Pirsch.

Der schreibende Förster Sakowski
– ihr Freund – sucht hier die Synthese
zwischen Hauptmann und Sudermann
und legt seine Schlingen aus...
Wer nicht in sein Horn bläst,
entgeht seinem Rufmord nicht.

Und eines Tages wird aus dem Märchen
ein Trauerspiel. Wann wird das sein?
Ein Kraftwerk tötet dann noch
die Blumen und alle Farben.
Dann, Träumer, erwachst du
zu spät!
(1960) (Bartus, Scharfe Kanten, S. 49-50)

In Leuna, ihrem neuen Wohnort, schreibt sie einen großen Roman: "Geboren unter schwarzen Himmeln", der auch als Fernsehfilm ein Erfolg wird. Sie scheint sich einzuleben in der DDR, Fuß zu fassen. Dann – Ende 1974 –, als der kranke Sohn beim Militär „nach Monaten voller Quälereien wegen seiner zu langsamen Reaktionen, die seiner Gruppe Minuspunkte einbrachten", (Bartus, Dünne Haut, S. 33), desertiert und dafür mit siebeneinhalb Jahren Haft bestraft wird, darf Jutta Bartus nicht mehr veröffentlichen. Das Ende dieses Konfliktes ist schnell erzählt:

„Im Dezember siebenundsiebzig wurde ich mit den beiden jüngsten Söhnen ausgebürgert. Wir hatten das Land binnen vierundzwanzig Stunden zu verlassen, weil man für unsere Sicherheit nicht mehr garantieren könne. Bei der Übergabe unserer Ausreisepapiere sagte der Beamte höhnisch lächelnd: ‚Sie sind jetzt ohne Staatszugehörigkeit, vogelfrei, wenn Sie wisssen, was das heißt.' Es war der schwerste Abschied meines Lebens ..." (Bartus, ebd., S. 34).

Der Neuanfang im Westen führte Jutta Bartus 1982/83 in den wendländischen Künstlerhof Schreyahn. Wieder saß und schrieb sie an der deutsch-deutschen Grenze, fünfzig Kilometer von Krumke entfernt. Nach dem November 1989 nahm sie schnell wieder Kontakt auf, bat um die Möglichkeit einer Lesung in – Osterburg.

Vielleicht ist es die Landschaft der Wische, die in der Erinnerung der Jutta Bartus so manches Leid hat vergessen lassen – auch andere Schriftsteller leben heute hier, fasziniert von ihrer Umwelt, die ihnen ein Refugium bietet, Möglichkeiten zum konzentrierten Arbeiten in der Stille.

Werner Brückner ist einer von ihnen. In Kirch-Polkritz an der Elbe gibt er im eigenen „Ufer-Verlag“ die heimatkundlich orientierte Zeitschrift „Altmärker's Sonntagsblatt“ heraus. Seine literarischen Wische-Geschichten zwischen Aland, Biese und Elbe, im Erzählband „Der Fiedler im Stroh“ zusammengefaßt, handeln von Hochwasser und Morast, Ernte und Unwettern; einfache Menschen tauchen auf, die ihre vergeblichen Hoffnungen und frustrierten Liebschaften begraben haben und weiterleben in einer Landschaft, deren Prägung sie sich nicht entziehen können: **„Im Herbst, wenn es regnet, darf hier der rechte Moment zum Ernten und Pflügen nicht verpaßt werden. Sonst kommt das Wasser. Und der Schlamm. Und man kann nicht auf den Acker. Im Sommer ist der Boden ausgedörrt und hart wie Beton, und die Fahrzeuge ziehen lange Staubfahnen hinter sich her.**

Das einzige, was sich stets gleichbleibt, ist der Himmel, der sich weit über das ebene Land wölbt.“
(Brückner, Fiedler, S. 104)

ⓘ Osterburg, 8 500 Einwohner. Kreisstadt. Nicolai-Kirche aus dem 15. Jahrhundert, Fachwerkhäuser in der Altstadt. Heimatmuseum, ehemaliger Gutspark in Krumke.

Literatur:

Jutta Bartus, Dünne Haut. In: Finn/Julius (Hg.), Von Deutschland nach Deutschland. Zur Erfahrung der inneren Übersiedlung. Schriftenreihe der Bundeszentrale für politische Bildung, Bonn 1983, S. 11-35

dies., Scharfe Kanten. Gedichte aus zwei Dutzend und drei Jahren. Eine Auswahl. Verlag Klaus Guhl, Berlin 1980; darin: „Wische – Niederungsgebiet bei Stendal". S. 49-50

dies., Unter schwarzen Himmeln, Roman, Mitteldeutscher Verlag, Halle 1963 (mehrere Auflagen)

Jutta Bartus (Biographische Angaben und Literatur) in: Künstlerhof Schreyahn 1981-1986. Hrsg. von der Samtgemeinde Lüchow. Lüchow 1986, S. 13-15

Ingeborg Drewitz, Einführung zum Lyrikband „Scharfe Kanten" von Jutta Bartus. Ebd., S. 7-8

Adolf Endler, Weg in die Wische. Reportagen und Gedichte. Halle 1960

ders., Verwirrte Botschaften. Gedichte. Rowohlt Verlag, Reinbek 1979. Darin: „Sommer 59/Beim Gräbenziehen in der Wische", S. 74

KLG (Kritisches Lexikon zur deutschsprachigen Gegenwartsliteratur), Artikel Adolf Endler (Verf. Behn-Liebherz), München 1978 ff

Literaturzentrum Neubrandenburg (Hg.) Helmut Sakowski. Neubrandenburg 1979

Lexikon deutschsprachiger Schriftsteller von den Anfängen bis zur Gegenwart. Kronberg 1974, Bd. 3, Stichwort Sakowski

Werner Jehser, Konflikte und Figuren im dramatischen Werk Helmut Sakowskis. In: Weggenossen. Fünfzehn Schriftsteller der DDR. Frankfurt 1975, S. 348-394

Werner Brückner, Der Fiedler im Stroh, Geschichten. Mitteldeutscher Verlag, Halle 1986

Die Doppeltürme der Seehausener Petri-Kirche beherrschen den Horizont und das Stadtbild. In ihrem Schatten stand die Lateinschule, über die Winckelmann sagt: „Ich habe vieles gekostet, aber über die Knechtschaft in Seehausen ist nichts gegangen."

Seehausen

Winckelmanns „Zeit der Knechtschaft"

Wer, aus Richtung Salzwedel-Arendsee kommend, auf die Fernstraße 189 stößt, sieht an der großen Kreuzung vor sich die hochaufragende Silhouette der Seehausener Kirche und bedauert es vielleicht, nach Norden oder Süden in Richtung Wittenberge bzw. Stendal abbiegen zu müssen: Mit ihren barocken Hauben wirken sie einladend, die Doppeltürme der Petrikirche, strahlen Ruhe und Gelassenheit aus, scheinen Jahrhunderte sicher überdauert zu haben.

Doch wer die Kleinstadt Seehausen besucht, merkt, daß der Schein trügt und Geschichte auch ein schmerzhafter Prozeß sein kann. Fünfmal wurde die Stadt im 30jährigen Krieg geplündert und verwüstet, ebensoviele Brände im 16. und 17. Jahrhundert zerstörten jeglichen Ansatz bürgerlicher Wohlhabenheit im ländlichen Flecken am Aland.

Nur einundzwanzig Jahre nach der letzten Feuersbrunst kam der spätere Archäologe und Kunstgelehrte Johann Joachim Winckelmann in die sich langsam erholende Stadt; es sollten seine schlimmsten Jahre werden. Noch lange nach seinem Aufenthalt schrieb der geborene Stendaler (vgl. Kapitel Stendal) an seinen alten Schulfreund Karl Friedrich Uden:

„Ich habe vieles gekostet, aber über die Knechtschaft in Seehausen ist nichts gegangen" (Brief v. 29. 3. 1753).

Studiert man die Quellen und Darstellungen jener Zeit, so wird klar, daß Winckelmanns 1743 erfolgte Berufung zum Konrektor der Seehausener Lehranstalt, „einem Mittelding zwischen Trivialschule und Gymnasium in einem Orte mit 1340 Einwohnern" (Holtzhauer, Seite XII) eine krasse Fehlbesetzung war. Der 26jährige, der sich als Autodidakt die klassische Welt der Antike angeeignet hatte, mußte, wie er selbst klagt, „den Schulmeister mit großer Treue (machen) und ließ Kinder mit grindigten Köpfen das ABC lesen, wenn ich während dieses Zeitvertreibs (!) sehnlich wünschte, zur Kenntnis des Schönen zu gelangen und Gleichnisse aus dem Homer betete" (Schmidt, S.340).

Den Homer las er auch während der Predigt seines Vorgesetzten, Kircheninspektor Valentin Schnakenburg; als man die Schriften des griechischen Klassikers im Gesangbuch fand, trug das Winckelmann den Vorwurf der mangelnden Gläubigkeit und Zuverlässigkeit zugleich ein. Es war ein deprimierender Alltagstrott, aus dem es kein Entrinnen zu geben schien; der überqualifizierte, hochintelligente Winckelmann überforderte seine Schüler, traktierte sie mit Spezialkenntnissen der griechischen Mythologie und geriet so wiederum in Konflikt mit der Obrigkeit und den Eltern.

Dabei zerrann ihm die Zeit für das, was ihn allein interessierte: seine eigene Weiterbildung. Der schon erwähnte Jugendfreund Uden besuchte Winkelmann 1747 in Seehausen, sein eindrucksvoller Bericht verdeutlicht die erbärmliche Zeitnot in bedrückender räumlicher Enge:

„Da ich mich ... in Osterburg, eine Meile von Seehausen aufhielt, besuchte ich meinen alten Schulfreund, der sehr vergnügt über meine Ankunft war. Sein ehemaliger Untergebener (=Privatschüler) Lamprecht aus Heimersleben (=Hadmersleben) war von seinem Vater zu ihm geschickt und schlief in der Kammer, wo auch Winckelmann sein Bett stehen hatte. Dieser war aber den ganzen Winter hindurch mit keinem Fuß ins Bett gekommen, sondern saß in einem Lehnstuhl in einem Winkel vor einen Tisch. Auf beiden Seiten standen zwei Bücher-Repositora (=Gestelle). Den Tag über brachte er mit den Informationen in der Schule zu und nachher mit dem Unterricht seines Lamprechts. Um zehn ging dieser zu Bette, und Winckelmann studierte für sich bis zwölf Uhr, da er seine Lampe auslöschte und bis vier Uhr auf seinem Stuhle fest schlief. Um vier Uhr wachte er wieder auf, zündete sein Licht an und studierte für sich bis um sechs Uhr, da sein Unterricht mit dem jungen Lamprecht wieder anging, bis zur Schule“ (zitiert nach Schmidt, S. 339).

Winckelmann hat das alles über fünf Jahre hinweg ausgehalten - wie, weiß er später selber nicht:

„Wenn ich zuweilen an den Schulstand zurückdenke, so wundert mich, daß ich meinen Nacken unter dieser Last so lange habe beugen können“ (Leppmann, S. 60).

Vielleicht half ihm ein Traum zeitweise über die bittere Realität hinweg: Der Traum von Ägypten. Winckelmanns Vorgänger als Konrektor, Friedrich Eberhard Boysen, schreibt darüber im Jahre 1745 an den Lyriker Gleim:

„Winckelmann ... will solange in Seehausen bleiben, bis er sich ein kleines Kapital gesammelt hat, und dann nach Ägypten gehen, um bei den Pyramiden die Kunst der Alten zu studieren“ (Goethe, HA, S. 610).

War das der Halt, das ersehnte Ziel, um dessen Willen man Seehausens Studier- und Schlafstubenmief ertrug? Auch dieser Plan sollte nicht in Erfüllung gehen, aber ein Zufall brachte die Erlösung, die Befreiung vom Schulamt. In Stendal wurde Winckelmann die Stelle eines Bibliothekars beim Besitzer der damals größten Privatbibliothek Deutschlands, dem Grafen Bünau, angeboten – auf Schloß Nöthnitz bei Dresden, dem „Elbflorenz“. Wenn schon nicht Ägypten, so war doch Italien einen Schritt näher gekommen. Winckelmanns Bewerbungsbrief vom 16. Juni 1748 zeigt noch einmal die Geringschätzung seiner Lage in Seehausen: „Vielleicht werde ich in Zukunft der Welt mehr nützen können, wenn ich auf irgendwelchem Wege aus meinem Dunkel gezogen würde“ (Goethe, HA, S. 610).

Die Zusage des Grafen kam am 7. Juli des Jahres, am 10. August legte Winckelmann sein Amt als Konrektor nieder. Schnell weg von Seehausen, den Schleier des Vergessens über diese Jahre? Nein, auch wenn Winckelmanns Groll unauslöschlich blieb („Meinen Schulstand vergesse ich nimmermehr“ Schmidt, S. 340), so sehen seine Biographen doch auch in diesen negativen Erfahrungen einen Nutzen:

„Während der Jahre in Seehausen kam Winckelmann eigentlich zu sich selbst. Er begriff, wozu er nicht befähigt war, und er lernte, wo seine Stärken lagen“ (Holtzhauer, S. XIII).

So kann man denn auch beruhigt die Klage des Lehrerkollegen Boysen (1720-1800) vergessen, der in seinen Lebenserinnerungen für sich in Anspruch nimmt,

„daß ich in den anderthalb Jahren meines Dienstes daselbst für die Wissenschaften und Humanität in der Schule ungleich mehr getan habe als mein Nachfolger in dem Konrektorat, der mit Recht in der gelehrten Welt hochgeschätzte Winckelmann“ (Schmidt, S. 338).

Und doch findet sich in den Vorstudien Goethes für seinen Winckelmann-Aufsatz die bezeichnende Notiz über den hochgeschätzten Gelehrten: „Neigung zum Schulmeistern“ (Goethe, WA, Bd. 46, S. 396) – eine Seehausener Prägung?

Zwei ganz verschiedene Menschen haben in späteren Jahren der Seehausener Zeit Winckelmanns gedacht. Sein ehemaliger Rektor Paalzow sah 1764 die Gelegenheit gekommen, seine Erinnerungen an den inzwischen weltberühmt gewordenen Kollegen zu veröffentlichen: „Kurzgefaßte Lebensgeschichte und Charakter des Herrn Präsidenten und Abt Winkelmann in Rom“. Der so Geehrte äußerte sich erbost über das im gesamten Text fehlende „c“ in seinem Namen. Im Einleitungskapitel dieser ersten Biographie zu Lebzeiten hatte es der Autor Paalzow „allen Ernstes für nötig gehalten, sein Werkchen mit der Beweisführung einzuleiten, daß 'Hochwürden' tatsächlich mit jenem Johann Joachim Winckelmann identisch sei, der noch vor wenigen Jahren sein Gehilfe in einer preußischen Dorfschule gewesen war“ (Leppmann, S. 254).

Einen literarischen Gruß an Winckelmann verfaßte der altmärkische Dichter Willi Fehse (vgl. Kapitel Kassieck). Seine Erzählung „Der Liebesbote“ sieht den Büchernarren Winckelmann in der Studierstube einer alten Pfarrei bei Seehausen. Pastorentochter Sophie schlägt geschickt dem Lesehungrigen einen Tausch vor: Er darf einen kostbaren Druck der Geschichte des Altertums mit in seine Seehausener Studierstube nehmen, wenn er einen Liebesbrief ins nachbarliche Stappenbeck trägt:

„So geschah es, daß Joachim Winckelmann an diesem Augusttag des Jahres 1748 den Liebesboten machte.

‚Die Götter sind im Bunde miteinander‘, sprach er nachdenklich vor sich hin, während er mit dem Buch und dem Brief durch die Kornfelder der flachen altmärkischen Landschaft heimwärts ging.

Hatte er nicht unablässig um die strenge Huld der Göttin geworben, die in lächelnder Schönheit über dem Leben thronte und mit ihrem Schild das himmlische Feuer hütete? War ihm je ein Opfer um ihretwillen zu teuer geworden? Sie wußte, wie er hungerte. Gleichwohl nötigte sie ihn jetzt, dem losen Götterkna-

ben zu dienen, der mit seinem Bogen die holde Verwirrung in die Menschenherzen sandte, von der er noch nicht gekostet hatte und nach der ihn auch nicht gelüstete.

Dennoch empfand Johann Joachim Winckelmann fast eine kleine Freude über seinen Botendienst, als er in das gebräunte Gesicht des Lehnschulzen beim Lesen des Briefes ein staunendes Leuchten heraufsteigen sah.

‚Sie haben mir mehr gebracht als Sie ahnen, Herr Konrektor', sagte der junge Bauer ein über das andere Mal, indem er ihm die Hand schüttelte...

Es war wie ein Gesetz: Die Götter waren im Bunde miteinander.

Heimgekehrt nach Seehausen, fand Johann Joachim Winckelmann nämlich in der schmalen Kammer, die er bewohnte, eine Botschaft vor. Sie kam von dem Grafen von Bünau und trug ihm das Amt eines Bibliothekars in Nöthnitz bei Dresden an.

Wieder und wieder las er bei dem dürftigen Schein der Öllampe das Schreiben, und dabei wurde ihm plötzlich über alle Zweifel gewiß, daß ihn die strenge Göttin einmal erhören würde. Einmal würde sie ihn in das Reich führen, wo die Marmorbilder unter den Säulenhallen in ewiger Jugend und Herrlichkeit prangten und wo seine Heimat war.

Und in namenlosem Glück versenkte sich der junge Gelehrte bald in den Brief des Grafen, bald in die Geschichte des Altertums, bis der Morgen vor dem Fenster seiner Kammer zu grauen begann" (Fehse, S. 130-132).

Wer heute die Winkel des Stadtviertels um die Petrikirche zwischen Dreiecksmarkt, Rathaus und Kaland durchstreift, spürt im Schatten der hohen Türme und der schiefen Mauern etwas von der drückenden Not, den erzwungenen Entbehrungen vergangener Jahre. Niedrige Fachwerkhäuser, die sich in den Gassen ducken, dunkle Hinterhöfe, ein Haus am Kirchhof, an dessen Platz die Lateinschule seit 1465 stand und an die eine Balkeninschrift erinnert – wenig, und doch so viel von Winckelmann.

Seehausen, ca. 5000 Einwohner. Pfarrkirche St. Peter und Paul (1170-1180), nach dem Brand 1676 barocke Turmhauben. Reste der Stadtmauer, Beustertor, Salzwedeler Warte, Fangelturm.

Literatur:

Helmut Holzhauer(Hg.), Winckelmanns Werke in einem Band. Bibliothek Deutscher Klassiker. Berlin und Weimar, 4. Auflage 1986

Wolfgang Leppmann, Winckelmann. Ein Leben für Apoll. Überarbeitete und erweiterte Neuausgabe, Frankfurt 1986

Hanns H.F.Schmidt(Hg.), Die Altmark. Ein Lesebuch. Rostock 1988

Johann Wolfgang Goethe,Winckelmann. Weimarer Ausgabe (WA), Bd. 46, Weimar 1891

ders., Winckelmann. Hamburger Ausgabe (HA), Band 12, 9., neu bearbeitete Auflage, München 1981, Anm. S. 608-610

Willi Fehse, Der Liebesbote. In: ders., Die Hausmedizin. Geschichten aus aller Welt. Verlag das Viergespann, Frankfurt 1971, S. 128-133

„Da ist er wieder, der räthselhafte See mit den anmuthigen Ufern und der unheimlichen, der Sage nach nimmer zu ergründenden Tiefe! Die Poesie des Wassers hat sich uns nimmer so ergreifend verkörpert als am Arendsee. Jetzt lagern tiefe Schatten auf ihm, und er selber ruht, wie wir langsam an seinem Rande nach dem Städtchen Arendsee hinwandern.“ (O. Schwebel, 1883)

„Endlich hatte sie das Ende des Kirchhofes erreicht, und sie sah zwischen den Bogen hindurch, die das Viereck auch nach dieser Stelle hin abschlossen, auf den in der Tiefe liegenden Klostersee“ (Fontane, Grete Minde) – die Klosterruine am Arendsee.

Arendsee

Kulisse für Schauspieler und Gaukler

„Arend, seh (sieh)!" – die Müllersfrau, die 1685 beim Erdeinbruch des Arendsees ihre Mühle in den Fluten versinken sieht, ruft ihren Mann beim Namen und weist ihn auf das Unglück hin: so will es die Anekdote über die Entstehung des See-Namens. Aber ein bißchen gequält ist das Wortspiel schon, und die Historiker, die in den Quellen von „arnse", „arnesse" oder „arneso" lesen, denken schon eher an die Wortfolge Arn = Aar = Adler: Ein schönes, schmückendes Wort für den landschaftlich reizvoll gelegenen See, der 815 und 822 nach Christi durch gewaltige Uferabsenkungen infolge einer Salzstockauslaugung seine heutige Gestalt erhielt:

„Es ist aber der Arendsee ... durch ein erschrecklich Erdbeben entstanden, indem dieses mit fürchterlichem Getös und abscheulichem Krachen gleichsam als eine springende starke Mine die Erde in die Höhe geschmissen, welche nachher in die Tiefe gesunken" (Ritter, 1774).

Der heutige Besucher des Fleckens Arendsee kann aber noch ein zu Stein gewordenes „Körnchen Wahrheit" aus der oben angeführten Anekdote finden: Im Innenhof des ehemaligen Benediktinerinnenklosters, am Westrand des Ortes in Ufernähe zu finden, steht der Mahlstein jener untergegangenen Mühle, den Taucher in den achtziger Jahren suchten und bargen.

Doch der Nonnen-Hof bietet zumindest dem imaginären Auge weitaus mehr. Das, was heute als romanische Ruinenkulisse für Freilichtveranstaltungen genutzt wird, diente Theodor Fontane als Schauplatz eines der zentralen Kapitel seiner Novelle „Grete Minde" (erschienen 1880). Hier, in der inneren Klausur des Klosters, befand sich der terrassenförmig abfallende Friedhof, auf dem Grete ihren Freund und Wegbegleiter Valtin begraben mußte.

Beide hatten sich nach ihrer Flucht aus Tangermünde (vgl. Kapitel Tangermünde) einer Schauspieltruppe angeschlossen, der Michaelismarkt in Salzwedel hatten ihnen Erfolg und volle Kassen beschert; nun wollte man in Arendsee pausieren. In der Kneipe werden deftige Lieder angestimmt, der Wein fließt in Strömen. Nur Grete Minde wacht bei Valtin, dem Vater ihres kleinen Kindes, der auf dem Strohboden in der Gaststätte im Sterben liegt. Doch das harte Schauspielgeschäft fordert seinen Tribut: Die Arendseer wollen wie die Salzwedeler unterhalten sein, und während Grete im Stück „Der Sündenfall" den Engel spielen muß, stirbt ihr Freund den einsamen Tod. Da Roggenstroh, der Pfarrer des Ortes, sich weigert, den Puppenspieler zu begraben, bietet Fräulein von Jagow, die Domina des Damenstiftes, einen Platz auf dem alten Klosterfriedhof an:

„Die neunte Stunde war noch nicht heran, als ganz Arendsee die Klosterglocke läuten hörte. Und auch Roggenstroh hörte sie; das verdroß ihn. Aber ob es ihn verdroß oder nicht, von der tiefen Einfahrt des Gasthofes her setzte sich ein seltsamer Zug in Bewegung, ein Begräbnis, wie die Stadt noch keines gesehen; denn die vier Puppenspieler trugen den Sarg, der auf eine Leiter gestellt worden war, und hinter ihnen her ging Grete, nur auf Zenobia gestützt, die sich heute von allem Rot entkleidet und statt dessen an ihrem Spitzhut wieder ihren langen schwarzen Schleier mit den Goldsternchen befestigt hatte. Und dann kamen Kinder aus der Stadt, die vordersten ernst und traurig, die letzten spielend und lachend, und so ging es die Straße hinunter, in weitem Bogen um den Kirchhof herum, bis an die Seeseite, wo, von alter Zeit her, der Eingang war.

In der Nähe dieses Einganges, unter einem hohen Fliederbusch, der mit seinen Zweigen bis in den Kreuzgang hineinwuchs, hatte der Klostergärtner das Grab gegraben. Und um das Grab her standen die Nonnen von Arendsee: Barbara von Rundstedt, Adelheid von Rademin, Mette von Bülow und viele andere noch, alle mit Spitzenhauben und langen Chormänteln, und in ihrer Mitte die Domina, klein und gebückt, und neben ihr Ilse von Schulenburg, groß und stattlich. Und als nun der Zug heran war, öffnete sich der Kreis und mit Hülfe von Seilen und Bändern, die zur Hand waren, wurde der Sarg hinabgelassen. Und nun schwieg die Glocke, und die Domina sagte: ‚Sprich den Spruch, Ilse.' Und Ilse

trat bis dicht an das Grab und betete: ‚Unsre Schuld ist groß, unser Recht ist klein, die Gnade Gottes tut es allein.' Und alle Nonnen wiederholten jede vor sich hin: ‚Und die Gnade Gottes tut es allein.' Danach warfen die Zunächststehenden eine Handvoll Erde dem Toten nach, und als ihr Kreis sich gelichtet, drängten sich die Kinder von außen her bis an den Rand des Grabes und streuten Blumen über den untenstehenden Sarg: Astern aller Farben und Arten, die sie während der kurzen Zeremonie von den verwilderten Beeten gepflückt hatten.

Bald danach war nur noch Grete da und sah auf den Fliederbusch, der bestimmt schien, das Grab zu schützen. Ein Vogel flog auf und über sie hin und setze sich dann auf eine Hanfstaude und wiegte sich. ‚Ein Hänfling!' sagte sie. Und die Bilder vergangener Tage stiegen vor ihr auf; ihr Schmerz löste sich, und sie warf sich nieder und weinte bitterlich“ (Fontane, Grete Minde, S. 111-112).

Die sehr präzisen Ortsbeschreibungen und Namensangaben, wie sie für das 15. und 16. Kapitel der Novelle typisch sind, deuten schon darauf hin, daß Fontane vor Ort „recherchiert“ hat. Und in der Tat berichtet der Kunstwissenschaftler Wilhelm Lübke in seinen Lebenserinnerungen:

„Im Herbst 1859 durfte ich meinen lieben Freund Theodor Fontane auf einer seiner ‚Wanderungen durch Mark' begleiten. Es wanderte sich mit ihm ganz prächtig. Wir waren beide gut zu Fuß, beide mitteilsam, und so wurde unsre Reise durch die Altmark mir höchst genußreich. Während er in den Kirchen den historischen Erinnerungen nachging, machte ich Jagd auf ihre kunstgeschichtlichen Denkmäler. Wir besuchten Havelberg, Werben, Arendsee ...“ (Lübke, 1891).

Wer nach einer Besichtigung der Epitaphe im stimmungsvollen doppelstöckigen Kreuzgang die Klosterruine in Arendsee wieder verläßt, sollte im ehemaligen Hospital und ältesten Haus des Ortes, das jetzt als Museum dient, der Geschichte des Sees, der Stadt und seiner Menschen (einschließlich der Heimatdichter, -sänger und -maler) nachspüren.

Hier trifft er auch auf die wenigen Zeitzeugnisse eines Mannes, der der ausufernden Phantasie eines Dichters entsprungen sein könnte: Die Rede ist von Gustaf Nagel. Noch heute umgibt sein Name der Ruch des Verbotenen, Skandalumwitterten. Was dieser Mann, der die meiste Zeit

Auch im Tode bleibt Gustav Nagel ein Einzelgänger: Sein Grab auf dem Arendseer Friedhof fällt etwas „aus der Reihe“.

seines Lebens in Arendsee verbrachte, alles veranstaltete und verunstaltete, verzierte und verbog, füllt Bände. Aus der Unzahl der Beschreibungen soll hier nun ein – unvollständiger – Katlog der Eigenschaften erstellt werden, die man ihm zuschrieb:

Naturmensch, Wanderprediger, Prophet, Geisteskranker, Krüppel, Wehrdienstuntauglicher, Friedensapostel, Erdhöhlenbewohner, Vegetarier, Rohkostler, Abstinenzler, Lockenträger, Wandervogel, Tempelbauer, Barfußläufer, Kneipp-Jünger, Politiker, Parteigründer, Reichstagskandidat, Schriftsteller, Liedermacher, Frauenheld, Sonnenanbeter, FKK-Verfechter, Eigenbrötler, Königsmacher usw.

Die Schriftsteller Johanna und Günter Braun haben eine gründlich recherchierte und witzig-klug formulierte Reportage über das Arendseer Spektakulum geschrieben; dabei gingen sie die auch im Museum einsehbaren Fotos durch:

„Auf dem ältesten Foto erscheint der Naturmensch in langen Locken bis auf die Schultern, Mittelscheitel, Strichschnurrbart, in einem weißen, dekolletierten, über der Brust gekrausten Hemd von Wadenlänge, barfuß, in der Hand Gezweig mit Blättern und Blüten. Maria Anna K., seine erste Frau, in einem weißen Hemd, das bis zum Boden wallte, das Haar lang, glatt, Madonnenscheitel, in der Hand eine Schale voller Äpfel, reicht ihm bis zur Schulter.

Meine Assoziation: Adam und Eva im Jugendstil.

Die erste Behausung der Naturmenschen am Arendsee waren ein Zelt und eine Art Gartenlaube. Der Naturmensch mit kräftigen jungen Frauen auf einem Balkon, von selbstgebauten Phallussäulen eingerahmt, alle lustig, weiß-rote Liebesfahnen.

Assoziation: Hippies.

Prophet Gustaf Nagel im Regen, das Gesicht von der Farbe seines selbstgefärbten Haars überlaufen.

Assoziation: Hiob.

Wanderprediger Nagel auf einer Postkarte, langes Wellenhaar, Schnurr- und Kinnbart, Augen groß und schattig, dunkler Talar, großer runder, weiß eingefaßter Ausschnitt mit einem Sonnenornament, in der Hand Kruzifix.

Assoziation: Rasputin.

Nach der Trauung mit seiner dritten Ehefrau, Krankenschwe-

ster Eleonore, aus der Kirche kommend: ergrauter Naturmensch im Talar, bärtig, Blumen in der Hand, die weiße, untersetzte dickliche Braut, Anfang Vierzig, am Arm. Bekränzte Kinder streuen Blumen, ein bürgerliches Personenauto wartet.

Assoziation: Gustaf Nagel etabliert sich.

Letztes Bild, auch ohne menschlichen Willen erreichbar, Grabkreuz: hir rut in got gustaf nagel.“ (Braun, S. 121-122).

Die Inschrift auf der letzten Ruhestätte deutet auf Nagels literarische Tätigkeiten hin, die seinen Einlaß in dieses Buch rechtfertigen: Er war Schriftreformer, wollte die Großbuchstaben abschaffen, überflüssige Vokale und Konsonanten kappen. In einem längeren Schriftwechsel mit den Behörden, die gegenüber Nagel auf „ordentlicher“ Schreibweise bestanden, liest sich das so:

„grüs got, unser her bürgermeister teilt mir folgendes mit: solange sie ihre anträge nicht in ordnungsmäßigem und schulmäßigem Deutsch einreichen, werden si nicht bearbeitet, sondern ohne bearbeitung zu den akten gelegt, danach ist dem hern bürgermeister wol unbekannt, das schon file rechtsanwälte und baumeister ire angaben an behörden in kleiner schrift einreichen, reformen aber müssen immer stattfinden können, so wir nicht rückständig werden wollen ... got befolen gustaf nagel“ (Braun, S. 129).

Und die hohe Kunst der Minnelyrik, die Nagel neben geistlichen Liedern und Lobgesängen auf Deutschlands „fligerhorste“ pflegte, klingt dann so:

> **ein deutsches Mädchen muß in barmherzigkeit sich üben,**
> **als samariterin den nächsten wi sich selber lieben,**
> **und helfen mit der wasserkur,**
> **erwärmen durch die wandertur,**
> **so ist sie angenem, genem.** (Braun, S. 133)

Warhaftig: ein lid für deutsch-fölkische wegetarier!

Nagel, der 1952 in Arendsee begraben wurde, reizte die Kritiker bis über seinen Tod hinaus. 1939 warnte die SS-Zeitung „Das Schwarze Korps“ in einem zynischen Artikel die Freunde des Wanderpredigers:

„Diese Anhänger sind es, die das letzte Wort über den Badelustigen von Arendsee zu sprechen haben, nicht wir. Wir unsererseits sind nur dann gesonnen, einzugreifen, wenn die Dummheit polizeiwidrig wird. Dann aber gründlich." (Das Schwarze Korps vom 3. 8. 1939) Sie taten es gründlich – im Konzentrationslager Dachau, wohin Nagel verschleppt wurde. Zwanzig Jahre später, der Kalte Krieg ist auf dem Höhepunkt, schreibt ein westdeutscher Altmark-Historiker:

„Er hat sich dem kommunistischen Terror nicht gebeugt und ist an der Verfolgung durch das Regime zugrunde gegangen" (Kalben, S. 189). Und noch die vierte Auflage eines DDR-Wanderführer von 1986 erkennt geschult den eigentlichen Schuldigen:

„Die absterbende bürgerliche Gesellschaftsordnung ermöglichte es ihm, dem schon 1901 Entmündigten, ein Schmarotzerleben zu führen. Die bürgerliche Gesellschaft entwickelte Arendsee aus Profitgier zum Luftkurort und gestattete einem von den Ärzten als geisteskrank Erklärten ein Menschenleben lang auf Dummenfang auszugehen, um selbst daran zu verdienen." (Wanderheft 12, S. 20)

So ist denn Arendsees Geschichte auch geprägt von zwei schwer faßlichen Gestalten, der fiktiven Figur Valtins als Geschöpf Fontanes und der entrückten Persönlichkeit des Gustav Nagel. Von beiden scheint etwas eingeflossen zu sein in die Figur des Zirkusdirektors in der Erzählung „Heiligs Liquidierung" von Adolf Dresen, die 1980 entstand:

„Alt ist die Altmark, doch soweit der älteste Altmärker denken kann, gibt es Heilig. Er bereist mit seinem Zirkus die Dörfer zwischen Elbe und Wische, Urgroßvater, Großvater, Vater und Sohn einander so ähnlich, daß sie zu einer Person ja zu einem Zeichen unverrückbarer Dauer zusammenfallen. Welche Generation auch immer, Heilig ist ein kleiner rotgesichtiger Mann, der sich, falls die Natur einmal ungenau ist, Haar und Schnurrbart blauschwarz färbt, und dessen Auftreten von solcher Finsterkeit und Routine ist, daß seine Nummern dagegen ins Gleichgültige und Beiläufige sinken. (...)

Heiligs Geschichte ist die Geschichte der Versuche, ihn zugrundezurichten, oder, wie er selbst lamentiert, ihm seine Existenz zu nehmen. Während der Nazizeit war er mehrmals verschwunden, es hatte geheißen in einem der mysteriösen Lager, doch jedesmal tauchte er, den Bart noch schwärzer als vorher, mit ein paar schwarzhaarigen Töchtern mehr, plötzlich wieder auf. Die Altmärker Bauern sprachen von ihm im Ton der Verachtung, doch wenn eine Verachtung 100 Jahre gedauert hat, sieht sie der Verehrung vielleicht recht ähnlich. (...)

Wir aber, die wir an seinen Untergang nicht glauben, wollen annehmen, daß er jetzt in neuer Generation durch die Dörfer der Altmark zieht, unqualifizierbar und unausrottbar, in Enkeln wiederkehrend, die, ebenso klein, rotgesichtig und blauschwarz wie er, das Zeichen unverrückbarer Dauer sind." (Dresen, Heiligs Liquidierung, S. 133 u. 136).

Die Mythen der Altmark leben weiter.

🛈 Arendsee, 554 Hektar großes Gewässer mit gleichnamigem Ort, rund 3 300 Einwohner, seit Ende des 15. Jhdts. Stadtrechte, einer der beliebtesten Sommererholungsorte der DDR, Uferpromenade, Strandbad mit Resten des Nagel-Tempels. Benediktinerinnenkloster (Ruine) von 1183, 1540 säkularisiert, 1812 aufgehoben. Klosterkirche (erbaut 1184-1208) mit Nonnenempore; Kluthturm, Museum am Kloster.

Literatur:

Theodor Fontane, Grete Minde, Nach einer altmärkischen Chronik. Novelle, 1880. Frankfurt 1989, bes. Kapitel 15 und 16

Harald Gerber, Erläuterungen zu Theodor Fontanes Grete Minde. Königs Erläuterungen, Bd. 360/361. 2. Auflage, Hollfeld 1988, S. 6-38

Wilhelm Lübke, Lebenserinnerungen. Berlin 1891. Zitiert nach Hanns H.F. Schmidt, Altmärkisches Allerlei. Land und Leute – früher und heute. Teil 1, Salzwedel 1988

Lutz Motikat, Zur Gründung des Klosters Arendsee vor 800 Jahren (1184 = 1984). Arendsee 1984

Helga Neumann, Die Klosterkirche zu Arendsee. Das christliche Denkmal. Heft 134, Berlin 1988

Günter und Johanna Braun. Lieber Kupferstecher Merian. Wahre Begebenheiten. Berlin und Weimar 1973, Nagel-Kapitel S. 120-135

Ulrich Linse, Barfüßige Propheten, Berlin 1983

Der barfüßige „Prophet“ vom Arendsee. In: Elbe-Jeetzel-Zeitung vom 28. 3. 1990

Autorenkollektiv, Arendsee – Osterburg ..., Wanderheft 12, Berlin und Leipzig, 4. Auflage 1986, S. 19-20

Heinrich-Detloff von Kalben, Die Altmark. Wiege Brandenburg- Preußens. München 1959, S. 189

Hanns H.F. Schmidt, Skizzen aus der Altmark. Rudolstadt 1978. Kapitel „Post aus Arendsee“, S. 26-32

Das Schwarze Korps, Ausgabe vom 3. 8. 1939 (Nagel-Artikel). In: H. Heiber u.a. (Hg.), Facsimile Querschnitt durch das Schwarze Korps. München o. J., S. 147

Albert Ritter, Der Arendsee (1774). In: Hanns H.F. Schmidt (Hg.), Die Altmark. Ein Lesebuch. Rostock 1988, S. 83-84

Ruth Wolf, Arendseer Notizen. In: Altmärkischer Heimatkalender 1987, S. 20-22 (Hinweis auf Namensanekdote)

Andreas Neuling, Der Name Arendsee oder Der verschluckte Windmühlenberg. In: ders., Sagen und Legenden der Altmark. Neu erzählt. Salzwedel 1987, Seite 31-37

Adolf Dresen, Heiligs Liquidierung. in: Freibeuter 5, Berlin 1980, zitiert nach: Berenberg/ Wagenbach (Hg.), Deutsche Demokratische Reise. Ein literarischer Reiseführer durch die DDR. Berlin 1989, S. 133-136

Orts- und Namensregister

Fotonachweis

- Grenze: Grenze bei Lübbow: Ch. Beyer; altes Foto: Privatbesitz A. Kahrs; neues Foto mit Kind: Ch. Beyer; Dömitzer Brücke: Ch. Beyer; Tanz a. d. Brücke: Ch. Beyer

- Boizenburg: Porträt: A. Kahrs; Stadtansicht aus: Boizenburg, Beiträge zur Geschichte der Stadt, Boizenburg 1980

- Neuhaus: Friedhof: A. Kahrs; Marktplatz: A. Kahrs; Porträt Benn aus: Gottfried Benn, Neufahrn 1981

- Dömitz: Foto: A. Kahrs; Zeichnung: J. Scharnweber

- Lenzener Wische: Foto: A. Kahrs; Zeichnung: Alfred Seidel, aus: Ramsay, Kleine Dott, Stuttgart 1984

- Lanz: Fotos: A. Kahrs

- Lenzen: Foto: A. Kahrs; Autograph Hebbel: H. Matthiessen, Friedrich Hebbel, Reinbek 1974

- Grabow: Fotos: A. Kahrs

- Ludwigslust: Gillhoff-Zeichnung: H. Brun, Gillhoff-Lesebuch; Caroline Luise: Goethes Leben u. Werk, Ffm 1966

- Wöbbelin: Foto: Ch. Beyer

- Salzwedel: Siel-Zeichnung: Dietrichs, in: Parisius, Bilder a. d. Altmark, Hmbg. 1883; Jan Kahl-Holzschnitt: Andreas Neuling

- Kassieck: Foto Elternhaus: Privatbesitz Schott, Kassieck; Foto Brücke: A. Kahrs

- Gardelegen: Porträt Reutter: H. Bekker, Gardeleger Heimatgeschichten, Gardelegen 1982

- Stendal: Zeichnung Denkmal: Dietrichs, in: Parisius, s. o.

- Tangermünde: Zeichnung Rathaus: Dietrichs, in: Parisius, s. o.; zwei Fotos: A. Kahrs

- Osterburg: Urkunde: Privatbesitz J. Bartus; Foto: A. Kahrs

- Seehausen: zwei Fotos: A. Kahrs

- Arendsee: drei Fotos: A. Kahrs

Herausgegeben mit Förderung und Unterstützung des Niedersächischen Ministeriums für Wissenschaft und Kunst